信息时代图书馆管理的创新研究

闫春青 著

北京工业大学出版社

图书在版编目（CIP）数据

信息时代图书馆管理的创新研究 / 闫春青著 . — 北京：北京工业大学出版社，2022.11
ISBN 978-7-5639-8497-8

Ⅰ．①信… Ⅱ．①闫… Ⅲ．①图书馆管理—研究 Ⅳ．① G251

中国版本图书馆 CIP 数据核字（2022）第 186523 号

信息时代图书馆管理的创新研究
XINXI SHIDAI TUSHUGUAN GUANLI DE CHUANGXIN YANJIU

著　　　者：	闫春青
责任编辑：	李　艳
封面设计：	知更壹点
出版发行：	北京工业大学出版社
	（北京市朝阳区平乐园 100 号　邮编：100124）
	010-67391722（传真）　bgdcbs@sina.com
经销单位：	全国各地新华书店
承印单位：	河北赛文印刷有限公司
开　　　本：	710 毫米 ×1000 毫米　1/16
印　　　张：	11.25
字　　　数：	225 千字
版　　　次：	2022 年 11 月第 1 版
印　　　次：	2022 年 11 月第 1 次印刷
标准书号：	ISBN 978-7-5639-8497-8
定　　　价：	72.00 元

版权所有　翻印必究

（如发现印装质量问题，请寄本社发行部调换 010-67391106）

作者简介

闫春青，女，1971年生，山东烟台人。毕业于中国海洋大学，大学本科学历。现任职于烟台市市级机关幼儿园，中级职称，从事图书资料管理、整理工作。

前 言

信息时代，各行各业都凭借信息技术实现了对生产力的提升和管理质量的优化。对图书馆管理来说，在信息化背景下，顺应时代发展，积极使用信息技术管理手段来提升管理效率和质量势在必行。就当前而言，我国部分图书馆在管理方面存在问题，这便要求图书馆根据实际情况和需要不断地完善图书馆管理体制，引入信息化手段，切实提高图书馆管理的水平，跟上时代发展的潮流。只有这样才能真正做到与时俱进，在发挥图书馆作用的同时，为读者提供高质量的服务，更好地满足读者的实际需要。

全书共七章。第一章为绪论，主要阐述了信息时代的来临、图书馆的基本类型、图书馆管理的历史进程、图书馆管理的内容与方法、图书馆管理的特点与职能、信息时代图书馆管理创新的必要性等内容；第二章为信息时代图书馆管理现状，主要阐述了信息时代图书馆面临的主要危机、信息时代图书馆管理取得的成绩、信息时代图书馆管理存在的问题等内容；第三章为信息时代图书馆管理理念创新，主要阐述了图书馆管理的主要原理、信息化管理与传统管理的区别、信息时代图书馆管理的新理念等内容；第四章为信息时代图书馆知识管理创新，主要阐述了图书馆知识管理概述、图书馆知识管理的必要性、信息时代图书馆知识管理创新策略等内容；第五章为信息时代图书馆质量管理创新，主要阐述了图书馆质量管理概述、图书馆质量管理的必要性、信息时代图书馆质量管理创新策略等内容；第六章为信息时代图书馆人力资源管理创新，主要阐述了图书馆人力资源管理概述、图书馆人力资源管理的必要性、信息时代图书馆人力资源管理创新策略等内容；第七章为信息时代图书馆数字化建设的探讨，主要阐述了信息时代图书馆的自动化建设、信息时代图书馆的网络化建设、信息时代图书馆的数据库建设、信息时代图书馆的网络信息资源建设等内容。

在撰写本书的过程中，笔者借鉴和吸收了许多前人的研究成果，参考了大量的文献资料。在此，谨向各位专家、学者表示诚挚的谢意！

限于笔者水平，书中难免有疏漏和不当之处，敬请各位专家读者不吝赐教。

目 录

第一章 绪 论 ... 1
- 第一节 信息时代的来临 ... 1
- 第二节 图书馆的基本类型 ... 7
- 第三节 图书馆管理的历史进程 ... 27
- 第四节 图书馆管理的内容与方法 ... 34
- 第五节 图书馆管理的特点与职能 ... 38
- 第六节 信息时代图书馆管理创新的必要性 ... 39

第二章 信息时代图书馆管理现状 ... 42
- 第一节 信息时代图书馆面临的主要危机 ... 42
- 第二节 信息时代图书馆管理取得的成绩 ... 50
- 第三节 信息时代图书馆管理存在的问题 ... 51

第三章 信息时代图书馆管理理念创新 ... 61
- 第一节 图书馆管理的主要原理 ... 61
- 第二节 信息化管理与传统管理的区别 ... 74
- 第三节 信息时代图书馆管理的新理念 ... 76

第四章 信息时代图书馆知识管理创新 ... 80
- 第一节 图书馆知识管理概述 ... 80
- 第二节 图书馆知识管理的必要性 ... 92
- 第三节 信息时代图书馆知识管理创新策略 ... 94

第五章 信息时代图书馆质量管理创新 ············ 105
第一节 图书馆质量管理概述 ············ 105
第二节 图书馆质量管理的必要性 ············ 112
第三节 信息时代图书馆质量管理创新策略 ············ 113

第六章 信息时代图书馆人力资源管理创新 ············ 127
第一节 图书馆人力资源管理概述 ············ 127
第二节 图书馆人力资源管理的必要性 ············ 135
第三节 信息时代图书馆人力资源管理创新策略 ············ 139

第七章 信息时代图书馆数字化建设的探讨 ············ 154
第一节 信息时代图书馆的自动化建设 ············ 154
第二节 信息时代图书馆的网络化建设 ············ 155
第三节 信息时代图书馆的数据库建设 ············ 162
第四节 信息时代图书馆的网络信息资源建设 ············ 163

参考文献 ············ 171

第一章 绪 论

数字信息化环境下，图书馆的发展迈入了新时代，图书馆管理的首要目标也转变为顺应时代的改革与创新。图书馆是文化传播的重要载体，同时拥有读者资源及信息资源。在信息时代下提高管理水平，对现有的管理模式进行改革、创新，是现代图书馆管理工作的首要目标。本章分为信息时代的来临、图书馆的基本类型、图书馆管理的历史进程、图书馆管理的内容与方法、图书馆管理的特点与职能、信息时代图书馆管理创新的必要性六部分。

第一节 信息时代的来临

20世纪七八十年代以来，世界正在经历一场深刻的变革。以微电子技术和互联网技术为核心的信息技术迅猛发展，正以前所未有的方式影响和改变着人类的生产方式、生活方式及交往方式。21世纪初，八国集团首脑在冲绳发表了《全球信息社会冲绳宪章》，其中提出："信息通信技术是21世纪社会发展的最强有力的动力之一，并将迅速成为世界经济增长的重要动力。"这意味着信息时代的到来。这是前所未有的变革，是人类从必然王国走向自由王国进程中一次重大的飞跃。

一、信息时代的特征

信息，泛指人类社会传播的一切内容。从史前人类在洞穴岩壁上创作出壁画到文字的出现，从烽火、信鸽到电报、电话的出现，从广播、电视到互联网的出现，再到5G时代的到来，信息传播一直是人类社会生产实践中的必要环节。

20世纪90年代，科技的飞速发展使人类进入一个崭新的时代——互联网时代。互联网以改变一切的力量，在全球掀起一场政治、经济、文化、社会所有层面的变革，对人类文明的进程产生深远的影响。随着计算机的普及，信息对整个社会的影响逐步加深，信息量、信息传播的速度、信息处理的速度等都以几何级数增长。互联网时代里的电话，已改变了以往用线路传输通话内容的信息传递方式，信息可以通过基站实现无线传播，更加便捷，这是一次技术革新。电子邮箱、短信、即时通信软件（如QQ）的出现，使人际交往、文化传播、商务和政务办公变得方便高效，而且不受时空的限制。当微信、抖音走进人们的生活，又一场变革悄然发生：微信支付等第三方支付方式成为当前人们日常生活中主要的支付方式，在银行排长队取款的场面已成历史；抖音等短视频平台的出现让人们发现更大更美好的世界，获取知识变得越来越简单，免费分享的信息越来越多。同时，人们休闲娱乐的方式和部分人赚钱的方式也发生了改变。互联网出现后，彻底打破了信息传递的最后一道屏障，让每个人都成为可以无限触及全部信息并做出反馈的原子化个人。

二、信息时代下图书馆的转型

图书馆在极长的一段时间内都是作为搜集、整理图书资料以供人阅览的文化机构而存在的。有人认为，图书馆是为了必需的活动而设置的公共场所，它的语汇以隐蔽和确定的方式向世人宣示出一种高高在上的优越感，这种优越感表现在价值、使命、社会责任上。这番论述无疑受到传统图书馆起源与发展的影响。公元前688年，最早的图书馆——亚述巴尼拔图书馆在两河流域建立，它是作为皇帝收藏书籍的宝库而存在的。在皇权的威严笼罩下，图书馆的"优越感"与生俱来。

在中世纪，由于我国印刷术、造纸术向西方的输入，书籍的出版开始增加，书由皇帝等贵族独享转变为古老的"开架阅览"方式。之所以称之为"古老"，是因为此时的书籍还是十分珍贵的，书是用链子拴在书架上的，人们只能在链子的束缚下阅读，"以书为中心"的"优越感"在此愈演愈烈。

19世纪工业革命的时代浪潮推动了印刷术的再次进步，藏书量因此增加，以藏、阅、借分离为主要方式的传统图书馆应运而生，人们通过闭架借阅获取书籍。

20世纪20年代前后，在人民对交流和即时信息的需求下，以清华学堂图书馆为代表的"藏阅合一"型图书馆出现，图书馆又由闭架转为开架，书本的知识价值、图书馆传播知识的使命以及传承知识的社会责任终于在"开架"体现出的开放中，切实地拥抱了大众。

然而好景不长，随着信息时代的来临，经由网络获得知识的便捷性给书本等纸媒带来极大的冲击。当"轻点鼠标"和"往返于图书馆、穿梭于书架间"的景象在脑海中形成对比，更为简单便捷的方式改变了较多人获取知识的途径。而对于喜欢实体书本的人，信息时代的冲击也有增无减，网络购物具有便捷性与直观性的特征，相较于"借"和"购得"，在便捷性和占有欲的驱使下，相当多的读者又会被分流。

荷兰建筑师雷姆·库哈斯（Rem Koolhaas）在西雅图图书馆文本的设计说明中提道："如果图书馆不充分地转换成一个积极的公共空间，并遵循一种平等机制，积极地协调各种人的活动和各种功能的共存，那么它对于书籍无可置疑的忠诚就会引起人们对图书馆存在的合理性的怀疑，以致它的神圣地位摇摇欲坠。"

这种图书馆危机论并非危言耸听。南京大学建筑与城市规划学院的鲍家声教授也有类似的观点："今天人们讨论的已不是现有图书馆模式中如何发挥计算机作用的问题，而是在研究如何改变乃至如何创造新的图书馆模式以适应计算机技术的问题。"

在这种认识下，库哈斯对信息时代的图书馆做出了界定："图书馆不再是只关于书本的文化机构，而是所有新旧媒体共存、互动的场所。"显然，新的图书馆模式是批判性、颠覆式的。它需要对传统模式进行辩证的思考，就像事件空间打破了现代主义建筑功能与形式——对应的二元关系，图书馆建筑也需要打破以书为主体的设计现状，构筑以人为中心的设计模式，从而实现自身的转型。

信息时代的图书馆建筑实践一直致力于进行功能复合、服务升级，营建科研创造、学习教育、交流共享的场所。传统图书馆模式往往是以馆藏实体读本的藏、阅、借为研究对象进行功能空间的划分与组织，而信息时代的图书馆建筑往往强调从人和信息的关系视角出发，将学习研究、创新创造和交流活动作为主导行为。随着社会信息化进程的加快，图书馆必须提高洞察力，抓住机遇，认清自身存在的问题和不足，根据时代的发展进行改革与创新。

（一）社会文化推动下的转型

在"以人为中心"的设计引领下，图书馆在开放的社会文化语境下有了多样的解读，其社会职责也相应地得到拓展。它不再是简单的"藏书阁"或"阅览室"，而是一种"城市生活的缩影""城市文化的象征"。

如重庆图书馆，在传统图书馆"藏、阅、借"功能的基础上，增设音乐厅、美术馆空间、会议设施、餐厅以及一家为访问学者准备的酒店。多样空间功能的置入展现的是对丰富多彩的城市生活的呼应，这使得图书馆有能力通过举办各种文化交流活动、文化休闲活动等方式吸引读者到馆。同时，重庆图书馆还以内部园林式的布局，体现出中国传统建筑的美感，成了一种传统文化的象征。

除此之外，社会文化还推动了人们对图书馆的认知的转变。图书馆渐渐被称为"第三空间",第75届国际图联大会的卫星会议的第二分主题即为"作为第三空间的图书馆",在这种定义导向下,提供休闲交往空间甚至成为一些图书馆的主要职能。举例来讲,由斯诺赫塔建筑事务所和蔡德勒建筑师事务所合作设计的瑞尔森大学图书馆是一座"无书"图书馆,它以"古希腊人在拱廊和露天集市通过社交来获取知识"为灵感,设计了一系列供学生学习、交流、休闲的空间。同时,这座图书馆位于加拿大最著名的商业街——央街(Yonge Street),而它作为高校图书馆,在入口的门厅空间却不设安保检查站,仅由台阶、柱子、栏杆限定出空间的边界。这使得它的功能定位开始模糊,预设功能的设计手法不复存在:人们自发举行的诸如动员会、音乐表演等多种活动,多种休闲交往事件促使该图书馆成了名副其实的"第三空间"。

(二)信息科技引领下的转型

对"旧物"的更新迭代可以说是信息时代带给图书馆最为直接的冲击之一。它包含着多层含义:一是馆员与用户的行为模式的更新迭代;二是信息储存载体的更新迭代;三是读者获取信息方式的更新迭代;四是人与人交往模式的更新迭代。

1.行为模式更新迭代下的转型

数字时代信息存储、传播、获取、交流的方式发生变革,所涉及的使用人群与服务人群的行为方式发生改变。当代图书馆的空间组织和设计策略也应该满足馆员与用户的行为逻辑与行为需求。

(1)图书馆馆员服务方式发生变革

图书馆馆员的服务管理方式发生变革。传统图书馆以"藏书"作为主要目的,实行闭架管理的方式,馆藏文献与读者依靠工作人员进行联系,图书馆馆员的行为模式较为固定。现代图书馆的服务强调以人为本,服务管理方式也发生了深刻的变革,除了开架管理、读者自助索取文献外,馆员服务方式也开始向多元化、创新化与人性化的方向发展。

图书馆信息情报领域除了对技术研究与数字应用等方面的研究主题倾注了大量心血,还对以用户为中心、以用户需求为导向的研究保持着高涨的热情,以实现图书馆健康高效的信息流转,并引导用户进行高效有序的信息检索与获取。约翰·霍普金斯大学的韦尔奇医学图书馆设置了学科信息专员岗位,用于提供嵌入式学科专员服务。他们深入用户空间,掌握用户对信息的需求,及时解答用户问题。馆员在现代的服务方式更强调以人为本。

（2）图书馆用户习惯发生变化

图书馆用户检索与阅读习惯发生变化。用户通过数字信息平台的检索框，就可以实现对图书馆各类信息资源的一站式搜索和筛选，不仅包括线下实体馆藏资源的定位与预约，还包括线上图书馆数字资源的获取。此外，阅读的硬件形态不断升级，读者的阅读不再依赖纸质文献，更多需要电子设备和数字平台的支持。

图书馆用户需求发生变化。网络的发展和获取信息方式的多元化，使得读者不再将图书馆作为唯一获取知识和信息的地方，反而将图书馆作为开展创新科研活动、促进共享交流行为、进行自主学习的平台。许多图书馆开始主动提供自习室、讨论室、媒体工作室等有利于研究和合作的场地。读者阅读活动逐渐向智能化、互动化、便捷化等方向发展。

2. 信息储存载体更新迭代下的转型

信息时代使得信息储存的载体由图书、报刊等纸质化载体向硬盘、光盘等便携式数字载体，甚至"云文件"等虚拟化载体快速转变。如今，浩如烟海的书籍典藏用看似单薄的存储硬件就可尽数囊括。但这并不意味着人们不需要书籍了。纸质实体的触感、质感、精美性使得它能够给读者提供异于电子信息的阅读体验，并且能够衍生出收藏价值。因此，在信息储存载体的更新迭代下，对传统纸质载体的处理成为图书馆转型的重要部分。

部分建筑师利用馆藏的精美性，把它们作为空间的展品，使其恰到好处地融入空间。举例来讲，富克旺根艺术大学是德国著名的音乐院校，在富克旺根艺术大学图书馆建造前，这里有近19万份音乐作品，其载体形式包括图片、书籍以及录音资料等，被分散储存在多个图书馆及档案馆中。后来，相关建筑师被要求把这些资料汇聚在这座新图书馆之中。面对数量如此之巨的馆藏，建筑师抛弃了把它们集中堆积于封闭空间的传统做法，而是以"博物馆展示"为核心理念处理这些馆藏。人们坐在二楼面向中庭的书桌前，面对的是一个巨大的"框架"，书架在框架内阵列式地排列，以"展品"的姿态成为空间的一部分。

此外，一些建筑师选择"拥抱"传统纸质载体地位降低的处境，将藏阅空间融为一体，创设出一个使人置身于书籍之中的环境。得益于射频识别（RFID）技术，书籍等资料在便捷性（读者自助借还）与安全性（馆藏均附上电子标签）的双重特点下，能够最大化地开架，服务于读者。金泽尤米莫拉图书馆旨在设计一个坐落于"文学宝库"中的阅览室。相较于自助借还技术带来的纸质资料存取的便利，其更重要的地方在于为读者带来具有氛围感的阅读体验，纸质书籍在这里变成了一种学习的催化剂。虽然很多读者会携带笔记本电脑等进入图书馆自习，但是书香环绕带来的浓厚氛围，是电子资源所不能取代的。传统信息存储载体虽然不再是获取知识的唯一途径，但却以无可取代的情感和精神作用，彰显出新的价值。

还有一些图书馆将传统信息储存载体完全置于闭架中，或是取消藏书的存在。如瑞尔森大学图书馆，将实体馆藏彻底取消，意图将更多的公共空间给予使用者自由调配。

3. 获取信息方式更新迭代下的转型

通过报纸、杂志、布告等纸质媒介获取信息的传统方式，逐渐在手机、电脑等信息时代媒介的影响下失去优势。信息时代的读者在短暂的、即时性的信息需求下，往往会选择书本之外的信息工具，如通过百度等搜索引擎，迅速获得需求的基础信息。即使是需要获得对某物的系统性认知，相较于书本阅读的静态性、孤独感，网络视频由于具有动态性、体验感，将对读者产生更大的吸引力。图书馆要想增强对读者的吸引力，势必要提供更具趣味性的信息获取方式。

多媒体、表演、会议等多样化的功能以其获取信息的趣味性开始频繁地在当代图书馆中出现。对读者而言，这种获取信息的趣味性源于一种"感官的延伸"。在读者从纸质媒介中获取信息的过程中，视觉主导了个体的"感觉逻辑"，是一种单一感官限制下的贫瘠体验。加拿大文学批评家马歇尔·麦克鲁安（Marshall McLuhan）认为，"媒介是人体的延伸，无论是精神的还是身体的"。信息时代下，人们的更多感官被新型的媒介调动，如听觉被多媒体音频激发、触觉在虚拟现实（VR）体验中被激活，这使得人们获取信息的方式开始从单一走向多元。而这种多元的体验并不是独立运行的，就像在观看视频时，视觉信息与听觉信息同时输入，视觉与听觉共同形成"通感"，使人获得多元化的体验。

4. 交往模式更新迭代下的转型

在信息技术引领的大趋势下，经由微信等软件进行虚拟社交的交往模式已经逐渐取代了面对面的交际模式。部分学者把这种现象称为"社交降级"，即"虚拟社交已经不折不扣地变成了真实社交关系的替代品"。图书馆作为一种拥有公共属性的文化机构，"社交降级"的情况往往有增无减。在前往图书馆的人群中，有大量读者的目的是寻找一个安静的学习场所，这使得他们以个体为中心，形成了一定的"领域"。在以自修人群为中心的安静"领域"中，面对面社交所必需的出声行为将因为侵入他人"领域"的罪恶感而被收敛。这使得原本以休闲、放松为目的来到图书馆的人群丧失了他们本应具有的社交可能与社交冲动，本应在公共环境下趋向好转的真实社交关系继续陷入虚拟社交的泥潭。

正如金泽尤米莫拉图书馆将沉浸于"书海"之中的阅读氛围作为设计的核心理念，以静默、沉浸的阅读体验为核心的公共空间是必不可少的，这是图书馆作为文化机构的职责所在。之所以会出现"社交降级"，主要是忽略了对交流与互动空间的打造。而在交往模式的更新迭代下，传统的公共空间模式已经无法适应人群的变化。例如，在图书馆的中庭空间内，靠近展示区域的地方可以摆放一些具有向心性的书桌，非常适合小组式的学习讨论。但是，使用书桌的读者或背向而坐，或用书包及水杯围合出个人"领域"，各自进行内省式的学习，并没有激发人们交流的兴趣。这表明，在"社交降级"的社会现状下，即使是在适合社交行为产生的区域，简单的物质元素置入也已经不足以激活公共空间的活力，图书馆亟须转型以完成其"城市客厅"的使命。

天津滨海图书馆是针对交往模式更新迭代进行转型的代表之一。其中，错落有致的阶梯形书架层次分明。可供行走的步道在书架上巧妙地搭接，整个空间具有了灵动感。书架在这里既是阅览氛围的营造器，也是步行中拾级而动的展品，更是观赏中庭内"滨海之眼"的看台，功能的含义在这里消解融合，最终只剩下一个均质化的公共空间，各种行为都有发生的可能。

第二节　图书馆的基本类型

国际标准化组织（ISO）和国际图书馆协会联合会（IFLA）在1974年公布了图书馆的分类标准，依据这一标准，图书馆分成以下五种类型。

一、国家图书馆

国家图书馆是负责所在国家获取和保存所有相关文献复本的图书馆，是承担法定呈缴本功能的图书馆。目前，世界上大多数国家都建有自己的国家图书馆，有的不止一所。我国的国家图书馆位于北京，由一个主馆和一个分馆组成，是亚洲最大的图书馆。

二、高校图书馆

（一）高校图书馆的含义

高校图书馆是高等院校自建的图书馆，即本科、专科院校等国内普通高等学校的图书馆，也被称为大学图书馆。高校图书馆的主要工作职能是为高等院校师生读者的学习、教学、科学研究提供服务，是支撑高等院校学术发展的文献信息中心。传统高校图书馆的服务对象比较单一，主要是本校的学生及教职工，但部分高校图书馆会将服务对象范围延伸至校外读者。由于服务对象的单一性，高校图书馆在进行文献资源建设的过程中，以专业性、学术性的文献资源为主要采购对象，文献资源建设内容也与本校专业设置相符合。在服务内容上，以文献提供和学术服务为主，从而保障高校图书馆文献资源能充分满足高等院校的教学、科研需要。因为教育部对高校图书馆的资源建设有明确规范要求，所以高校图书馆的平均建设规模高于大部分公共图书馆。

（二）高校图书馆的相关概念

1. 高校图书馆文化

（1）高校图书馆文化的定义

高校图书馆所处的位置，本质上就决定了其是校园文献信息处理中心，也是文化继承、弘扬和创新中心。总的来讲，高校图书馆文化是指高校图书馆在履行"培养人才、发展科技、服务社会"职能时，不断给读者提供教育、科研等相关服务时形成的包括道德观念、服务方式、工作态度、行为准则、精神财富等在内的特色文化。其主要成员包括所有馆员和读者。

（2）高校图书馆文化的特点

高校图书馆肩负着传承发展校园文化的使命。在此特殊背景下，高校图书馆文化不仅包括基本的图书馆文化的特征，也必定具有其自身的特征。

一是促进性。高校图书馆文化具有丰富的知识储备和内涵，是为人才培养服务的。浓厚的学术氛围、和谐的人文环境、深厚的文化底蕴都是在高校自身管理理念、人文精神等基础上建立然后长期发展融合而形成的。高校图书馆的发展往往同步于学校发展，必须根据校方的战略发展目标及社会要求做出贡献，也必须在服务社会的潮流中体现更多价值，如特色学科的发展、人文活动的举办等。高校图书馆文化能起到促进校园建设、促进学术发展、促进学生文化涵养提升等作用。

二是引导性。引导学生努力成为德、智、体、美、劳等方面全面发展的社会主义事业建设者与接班人，是高校的基本任务和工作目标。紧跟党的教育方针与社会主义时代的办学要求，高校图书馆文化要始终坚定正确的政治方向，鼓励学生服从国家政策、遵循社会主义要求、做时代的发言人；要沉淀古今智慧，继承并发扬传统美德，对学生进行学术培育的同时重视传统文化的传承与发扬；要激励学生树立文化自信、爱国热情，增强使命感，引导学生不断追求真善美。因此，高校图书馆必须保证对学生进行正向引导，通过举办健康积极的宣传活动、知识讲座、演讲比赛等吸引学生参与，无形中引导学生树立正向价值观，加强自身修养。

三是多元性。新时代文化传递和接受的方式，具有开放、快捷、生动等鲜明特征。网络的迅速兴起使得信息的传送速度与方式发生了翻天覆地的变化。高校图书馆的服务主体正是网络影响的主体受众——学生。学生是吸收新兴事物的主体，多元文化的碰撞与学生学习知识的热情也使得高校图书馆必须接受多元文化并快速消化吸收。因此，高校图书馆要提升网络技术，提高网络服务水平，切实搭建彰显自身特色的网络平台，借助微平台手段提供方便快捷的服务。

四是高层次性。高校图书馆的服务主体不同于其他社会机构，其服务主体为师生。大学往往汇集高层次人才，传统、基础的知识已无法满足他们的需求。故而，高校图书馆文化建设应当紧跟高校建设，最大化地满足师生进行学术创造的需要。高校图书馆管理团队中也含有专业对口的高水平人才，体现了高校图书馆文化在管理和服务上也具有高层次性。

五是实践性。高校图书馆文化最大的特点在于它属于校园文化的一部分，会对所在学校的文化建设产生巨大的影响，要求能够为所在学校提供科研、教育等方面的服务。这样，图书馆才能更有机地融入学校的整体发展战略，有效地证明自身的价值与优势。实践性是图书馆文化的必然要求。个人讲座、学术汇报等学术活动和文艺汇演、跨年晚会等文娱活动往往都需要高校图书馆承办。高校图书馆也通过举办各类文化阅读活动、演讲比赛等来彰显其精神内涵。这些活动提高了学生的实践能力，促进了知识与实践的有机结合。因此，高校图书馆文化具有显著的实践性，高校图书馆承担着"大学第二课堂"的重任。

（3）高校图书馆文化的核心要素

回顾图书馆文化发展历程，可以归纳出图书馆文化的诞生发展与企业组织文化的发展存在一定的关联性和相似性。那么高校图书馆文化的构成要素，是否会因所处环境和氛围与企业不同而有所区别？笔者就这个问题进行文献查阅和思考，发现高校图书馆文化应具备精神文化、环境文化、活动文化、制度文化四个层面的核心要素。

高校图书馆文化可以与企业组织文化要素相互借鉴，可能高校图书馆不遵循企业利益至上的原则，但在如何最大限度满足用户需求上与企业有共通之处，只是企业与高校图书馆所面临的用户与所提供的产品有些区别。结合当代学者对高校图书馆文化的研究，可以发现在近几年信息时代的发展背景下，现代化信息技术手段成了建设高校图书馆文化的重要方面。高校图书馆的发展离不开网络的发展，信息时代的到来，使得高校图书馆的宣传、通知等工作离不开新浪微博、微信公众号、短视频等媒介的帮助。网络时代帮助读者构建了一个更快捷、方便和简单的信息接收平台，给读者带来了更优质、更便捷的体验。因此，高校图书馆文化的组成要素还应当包含网络文化。

宏观上讲，高校图书馆文化的组成要素主要可以归纳为物质文化、制度文化、精神文化和网络文化。物质文化包括高校图书馆的整体硬件设施，如馆舍、馆藏、网络设备等，是制度文化、精神文化、网络文化产生的物质基础保障，能够反映图书馆建设状况的综合硬实力；制度文化主要包括图书馆的借阅制度以及规章制度，能规范并约束馆员和读者的行为，保证图书馆健康发展，是其他文化发展的重要保障；精神文化是高校图书馆全体成员在长期的工作实践中形成的价值观念和知识体系，体现的是馆员的精神面貌、办馆理念；网络文化立足于信息时代，高校图书馆利用网络平台积极推广自身的良好形象、及时推送信息、增强与读者的互动、提供个性化和便捷化的服务，对图书馆文化建设有极大的推进作用。

2. 高校图书馆形象

"形象"一词起初代表"形"与"象"，指人或事物的外部特征与人脑对事物的反应，如《现代汉语词典》将形象定义为能引起人的思想或感情活动的具体形状或姿态；《韦氏大百科辞典》将形象解释为大脑的反应、观念或概念。随着社会的进步与发展，形象深入社会的各个组织和领域，衍生出国家形象、企业形象、文学形象等多元概念。形象的定义逐渐丰富，发展为"形"与"象"的结合，指人对客观事物的主观印象，如国家形象是指国家的外部公众和内部公众对国家本身、行为、各项活动及其成果所给予的总的评价和认定。目前，图书馆学界也认同这种将"形"与"象"结合的定义，达成图书馆形象就是人们对图书馆及其相关要素的认识与评价这一共识。据此，可以认为高校图书馆形象是指人们对高校图书馆及其相关要素的认识和评价。

根据形象产生主体的不同，形象可分为投射形象与感知形象。投射形象指组织或领域内部人员面向外界投射的、意图构建的形象；感知形象指组织或领域外部人员感知到的形象。如上所述，可将高校图书馆形象分为高校图书馆投射形象和高校图书馆感知形象。其中，高校图书馆投射形象就是高校图书馆面向用户表达的形象，而一般研究的高校图书馆感知形象就是用户通过感知感受到的高校图书馆形象，即用户对高校图书馆及其相关要素的认识和评价。

形象感知是一种主观认识，其形成是一个比较复杂的过程，明确这一过程，能够对感知形象产生动态全面的认识。下面将从形成过程、影响因素、形成路径及层次四个角度出发，探索高校图书馆形象感知的形成。

（1）高校图书馆感知形象的形成过程

感知是认知心理学的一个重要概念，感知的对象包括事物、人物、地方、产品、品牌等，感知形象就是经感知形成的形象。感知形象由认知和情感组成，认知又分为感觉和知觉。其中，感觉是人体的视觉、听觉、味觉、嗅觉、触觉等感觉器官和接收器官对外来的刺激进行接收并加工，再传输到大脑，在人脑中形成的对认知对象的初始印象，这种感觉经过脑和神经系统的作用，形成知觉，即对事物的整体认识。人们在感觉和知觉的基础上生成对事物的情感，经过记忆、思维、想象等人脑加工过程，最终形成形象感知，以语言及行为的形式表达出来。形象感知就是一个从认知到情感，不断循环往复生成对事物的评价和态度的过程。

综上所述，可将高校图书馆感知形象的形成过程分为高校图书馆信息刺激和用户感知加工两部分。

第一，高校图书馆信息刺激。信息刺激是高校图书馆给用户的感觉器官带来刺激形成感觉的过程，形成的感觉包括视觉、听觉、嗅觉、触觉等，这一过程是对高校图书馆刺激物的客观再现，不受用户主观因素的影响。从建筑到环境，再到服务，能给用户带来信息刺激的高校图书馆因素无处不在，这些因素及在其作用下形成的高校图书馆的光线、空气、色彩、亮度、声音及温湿度等环境，会给用户带来视觉、听觉、触觉等感官上的不同感受。例如，端庄典雅的建筑会使用户眼前一亮，舒适淡雅的空间设计会给人带来视觉上的舒适感，而馆内的吵闹声则会令用户产生刺耳感。

用户经高校图书馆的信息刺激所形成的印象是初始的、不全面的，这是因为人体的感觉器官和大脑对外部信息的接受和加工能力是有限的，感觉器官会优先接受当前比较需要的或较特殊的信息的刺激。也就是说，高校图书馆用户会优先关注自己比较需要的或特别的信息刺激。例如，需要良好自习环境的用户更能深刻感受到灯光柔和度、桌椅舒适度、学习环境的安静程度；需要借阅图书的用户对书库导航醒目程度、书籍页面整洁程度的感受更为清晰；在使用数字图书馆时，用户总是会更多地注意到网站首页图片而忽视文字等。

第二，用户感知加工。用户感知加工是指用户结合自身的价值观、认知结构对感知到的信息刺激进行知觉、记忆、思维、想象等认知加工，在认知的基础上生成情感，形成对高校图书馆的形象感知的过程。其中，知觉是加工处理后的感觉，是感知者在脑和神经系统的作用下，经过对刺激的认识、选择、组织和解释，对感官信息的润饰及意义化形成的对高校图书馆的整体认识。而记忆、思维、想象等步骤则是对知觉的进一步加工，将对事物的认知与自身需要进行衡量后，产生对事物的主观感受和情绪，形成的是对高校图书馆更具概括性和综合性的印象。例如，用户在产生馆内灯光柔和、桌椅舒适、学习环境安静的零碎的感觉的基础上，经过自身的感知加工，产生对图书馆环境的整体认识以及对环境的积极情感，就会形成高校图书馆学习环境良好的形象感知。

用户感知加工所形成的形象不完全是高校图书馆信息刺激的客观再现，而是一种基于个体心理结构和已有体验的主观印象。用户会基于自己的心理结构有选择地解读接受的高校图书馆信息刺激，对所接受的高校图书馆的信息刺激的解读也会因为需求的不同而形成不同的情绪。例如，在接受刺激前认为高校图书馆环境安静的用户，即使在接收到高校图书馆吵闹的刺激后，在该刺激不是十分频繁的情况下，会在心理结构的影响下选择忽略该信息刺激；对于高校图书馆内安静的环境，需要安静的用户会觉得比较舒适，而想要讨论交流的用户会觉得十分压抑；面对高校图书馆丰富多彩的服务，需求多样的用户认为高校图书馆服务水平高，需求单一的用户则会认为高校图书馆服务较为杂乱。

（2）高校图书馆感知形象的影响因素

第一，高校馆建设对用户认知与情感具有积极的影响。高校馆建设是指图书馆方方面面的建设，包括馆藏资源、馆员、文化、服务、管理和宣传等。各方面的建设水平越高，就越能使用户有良好的使用感受，这种良好的使用感受经过记忆、思维、想象等认知整合活动，会促进用户认知的提升、正面情感的形成。

建筑、空间、设施虽然是比较直接醒目的图书馆要素，但对用户认知、情感的影响有限，而图书馆的内涵、行为建设水平虽难以直接感受，但对用户的认知、情感的作用却更加深刻。提升图书馆内涵、行为建设水平能更好地提升高校图书馆形象。

第二，用户认知与情感对高校图书馆感知形象具有积极的影响。相关研究表明，认知对形象感知的影响力更大，提高用户认知能更有效地提升高校图书馆形象。若用户对高校图书馆的认识与评价较高，对高校图书馆的态度自然更加积极正面，对高校图书馆的形象感知也就越好。例如，用户若认为高校图书馆的氛围能够提高学习效率，自然会对高校图书馆十分满意，也会形成高校图书馆是一个良好的学习场所的形象感知。

（3）高校图书馆感知形象的形成路径

从传播心理学的角度来看，形象是人们对传播主体的整体映像，在传播受体未接触主体之前，这种映像基本上由形象描述构成，即各类相关信息。也就是说，用户在使用高校图书馆前，可通过相关信息的描述形成对高校图书馆的印象。因此，根据有无外部信息的介入，可将高校图书馆感知形象的形成路径分为直接形象感知与间接形象感知。

第一，直接形象感知。直接形象感知是指用户通过自身的视觉、触觉、听觉等感觉器官，通过亲身体验接收刺激信息而形成对高校图书馆的印象的过程。俗话说"百闻不如一见"，与间接形象感知相比，用户通过直接形象感知所形成的高校图书馆印象因其接收到的刺激信息源于亲身体验、没有经过二次加工，会更加客观、更具真实性。对用户来说，通过直接形象感知形成的形象比较深刻稳定，若通过直接形象感知与间接形象感知形成的形象存在冲突，用户更倾向于以自己的亲身实践为准，选择相信直接形象感知从而形成形象。例如，一直受到高校图书馆学习氛围浓厚相关信息影响的用户，在使用高校图书馆时若遇到其他用户吵闹的情况，也会摒弃之前对高校图书馆学习氛围浓厚的正面认识，形成高校图书馆比较嘈杂的负面印象。

第二，间接形象感知。间接形象感知是指用户在没有亲身使用高校图书馆的情况下，通过不同传播渠道获取的有关高校图书馆的信息生成感觉，经过感知加工，形成对高校图书馆的印象的过程。信息是连接高校图书馆与用户的中介，可以帮助不熟悉高校图书馆的用户更全面地了解高校图书馆。具体来看，信息按传播渠道可分为传统媒体、新媒体及用户口碑三类，不同的传播渠道因各自优缺点的不同，在用户形象感知过程中发挥的作用也不尽相同。传统媒体的传播范围有限，但其所传播的信息的权威性更高、专业性更强；新媒体的传播范围广泛，但信息质量参差不齐，权威性及可信度较低；用户口碑的传播范围有限，但其可信度较高。归根结底，信息的本质是不同传播主体对高校图书馆的描述，与高校图书馆客观存在相比，必定存在偏差，在这种存在偏差的信息的基础上生成的用户感知会偏离高校图书馆的实际形象，造成形象感知偏差。例如，对高校图书馆存在不满的用户，往往会因为不满情绪的作用夸大高校图书馆的不足，将负面评价传播给其他用户，使其他用户对高校图书馆的形象感知也产生偏差。

（4）高校图书馆感知形象的层次

认知—情感系统理论认为，心理学角度的形象可分为认知形象、情感形象及其共同构成的整体形象。依据该理论，可将高校图书馆感知形象分为认知形象、情感形象与整体形象三个层次。

一是认知形象。认知形象即人们对形象感知对象的认知或评价，源于对形象感知对象的属性和内容的了解和看法。高校图书馆的认知形象指用户对高校图书馆整体及其各组成部分的认识和评价，包括建筑、馆藏、空间、馆员、服务等要素，具体可以体现为对馆藏数量与质量的评价、对馆员服务态度的评价以及对高校图书馆价值的看法等。认知形象源于用户对高校图书馆信息刺激的知觉、记忆、思维等认知加工过程，虽然在形成过程中受到用户的心理结构和已有体验等主观因素的影响，但相较于情感形象而言，是建立在认识基础上的，不夹杂个人情感的，对高校图书馆的理性的客观看法。例如，对高校图书馆馆员的认知形象决定了服务态度、服务能力等因素，是有一定的客观依据的；而对高校图书馆馆员的情感形象包括喜欢、讨厌、不耐烦等，可以是毫无理由的主观判断。认知形象是个体对外部环境较理性的评价，理性对人的思维具有主导作用，因此，认知形象在感知形象的构成中占据着主导地位，是感知形象的重要组成部分。由于高校图书馆用户学历普遍较高，思考方式较为成熟理智，普遍倾向于从实际出发看问题，因此与情感形象相比，认知形象对高校图书馆感知形象的形成发挥着更大的作用。

二是情感形象。情感形象是个体对形象感知对象情感层面的联想，是用户对形象感知对象特殊的情感联结，如愉快的、令人兴奋的、有趣的、无聊的等。高校图书馆的情感形象是指用户对高校图书馆各组成部分的主观感受和情绪，包括对馆员的喜爱或讨厌、对服务的期待或不满、对馆藏的信任或怀疑等。情感形象是在认知形象的基础上形成的，情感源于对客体的认知，是在将对形象感知对象的认知与自身需要进行衡量后产生的态度。而需求因人而异，不同主体的需求、同一主体在不同时刻的需求都各不相同，因而与认知形象相比，情感形象带有更强的主观性。高校图书馆的情感形象更是如此，用户产生的情感形象的正负建立在自己的需求是否得到满足的基础上，面对同一高校图书馆，需求得到满足的用户会形成正面积极的高校图书馆情感形象，需求未被满足的用户则会形成负面消极的高校图书馆情感形象。如面对馆藏丰富但查找不便的高校图书馆馆藏，对馆藏丰富程度需求大的用户，会觉得十分满意；对注重馆藏查找方便与否的用户而言，则会觉得高校图书馆馆藏令人失望。且同一用户在不同时刻的需求不同，对同一高校图书馆也会产生不同的情感形象。例如，面对阅览室内浓郁的学习氛围，同一用户在认真学习时会觉得这种氛围催人奋进，在想要舒适放松时会觉得这种氛围令人烦闷。

三是整体形象。整体形象是在认知形象与情感形象的基础上产生的，是认知形象与情感形象结合产生的复合形象。认知形象是对形象感知对象的看法、评价，情感形象是对形象感知对象情感上的态度，因而整体形象是结合看法和态度形成的对形象感知对象的最终印象，是对形象感知对象整体的、稳定的、深刻的印象。高校图书馆感知形象中的整体形象是用户将对高校图书馆各组成部分的认知与情感综合，产生的对高校图书馆整体上的印象。例如，通过对高校图书馆学习环境好的认知形象，结合很喜欢待在高校图书馆的情感形象，可以形成高校图书馆是一个良好的学习场所的整体形象。认知是情感的基础，情感源于对客体的认知，因而，认知形象不仅对整体形象的构成具有直接影响，也通过情感形象间接影响着整体形象的构成，在整体形象的形成中占据着主导地位。例如，在认为高校图书馆学习环境良好的基础上，尽管用户觉得环境压抑，也会形成高校图书馆是一个良好的学习场所的整体形象。

三、专业图书馆

专业图书馆是服务于特定的学科、知识领域或特殊地区的独立图书馆。专业图书馆除了配合本系统和单位的信息需求进行信息搜集、整理、保管和提供相应的服务外，还应积极开展深层次的信息研究和开发工作，力求不断向科研人员和领导部门提供其所需的最新的信息，从而不断使图书馆保持进步。

四、流动图书馆

流动图书馆只是图书馆的一种服务形式，它不需要读者或用户走入图书馆的固定场所，是利用交通工具并配备相应设备而直接提供文献和服务的图书馆。读者只需在自身所在地就可以接受流动图书馆的服务。任何一种类型的图书馆都可以将流动图书馆作为自己的一部分进行发展。

五、公共图书馆

(一) 公共图书馆的含义

一般而言,我国学界普遍认为地方政府是公共图书馆的建设主体,公共财政是公共图书馆的资金来源。回顾公共图书馆的历史,如果将地方政府利用公共财政设立公共图书馆视为现代公共图书馆的开端,那么,建于1833年的美国新罕布什尔州彼得伯勒的彼得伯勒镇图书馆可被视为第一座现代公共图书馆。但当时各州政府对公共图书馆并不重视,在他们看来,公共图书馆是学术机构,不仅其作用是可有可无的,而且部分公共图书馆依旧采取会员制收取会费。真正促进美国公共图书馆事业蓬勃发展的是苏格兰裔美国实业家安德鲁·卡内基(Andrew Carnegie),他通过捐赠大量资金,在1400个社区建立了1700座可免费使用的公共图书馆。此举也激发了公众对公共图书馆的兴趣。我国现在也存在着大量的民间公共图书馆,这表明了民间慈善力量是公共图书馆事业发展的有力支撑。2018年正式实施的《中华人民共和国公共图书馆法》(以下简称《公共图书馆法》)不仅将公共图书馆定义为"向社会公众免费开放,收集、整理、保存文献信息并提供查询、借阅及相关服务,开展社会教育的公共文化设施",还特别指出"国家鼓励公民、法人和其他组织自筹资金设立公共图书馆"。可见,无论是在法律层面还是在事实层面,民间公益机构同地方政府一样都是公共图书馆的建设主体。

如果忽略古罗马时期的公众与现代公众之间的概念区别,可以认为罗马共和国独裁官尤利乌斯·恺撒(Julius Caesar)提出了类似于今天的公共图书馆的概念。在盖维斯·屋大维·奥古斯都(Gaius Octavius Augustus)统治时期,公共浴室——古罗马的休闲中心设施中就包括了图书馆。建于公元3世纪的卡拉卡拉浴场中便包含两个房间,一个存放希腊文文献,另一个存放拉丁文文献,以供浴场使用者阅读。一些图书馆同时也是餐厅、公共档案室和科学实验室。我们可以大胆推断,某种程度上公共图书馆其实源于公共浴场。一些公共场所的主体并非公共图书馆却具有公共图书馆的功能,反之,一些公共图书馆也吸收了一些非传统意义上的公共图书馆的功能。由此,可以认为公共图书馆并非单一功能的机构,而是包含公共图书馆功能的复合机构。在当前网络环境下,公共图书馆更拓展了其空间,具备了实体空间和虚拟空间两个"场所"。城市书房和网络公共图书馆的出现也让公共图书馆的形式更为多样。

由此可见,公共图书馆在不断扩展,其存在形式也更为泛化。故此,一般研究中会采用更为泛化的公共图书馆概念，无论建设主体是谁，只要能够向公众免费开放且提供文献服务的场所都应被视作公共图书馆。采用这样的泛化概念，一方面是尽可能将一些公益性质的图书馆纳入公共图书馆这一范畴；另一方面，大部分公益图书馆能够提供的服务更多的是为读者提供书籍，而这样的公益图书馆本身也受到了读者的认可和欢迎。

（二）公共图书馆的特征及职能

1. 公共图书馆的特征

首先，公共图书馆的服务对象是不受国籍、年龄、肤色、宗教等条件限制的社会全体成员，能够满足区域内人民的精神文化需求，推动社会经济文化的发展与进步。同时，为适应时代变化和社会发展，公共图书馆不断进行创新服务，曾有学者形容图书馆是"有机生长体"。

其次，馆藏丰富，种类多种多样。为满足不同年龄、行业与学科背景的全体民众的需求，相对于其他类型的图书馆，公共图书馆的馆藏种类更加广泛、齐全。

最后，公共图书馆由政府管理，经费由所在区域税收覆盖，是非营利性的公益组织。这一特点决定了公共图书馆不仅要为全体民众提供服务，还要开展创新工作，并使服务效益最大化。

2. 公共图书馆的职能

国际图书馆协会联合会于1975年在法国里昂召开了一次有关图书馆职能的学术讨论会，在会上达成关于图书馆职能的共识。现代图书馆具备四项社会职能：①保存人类文化遗产；②开展社会教育；③传递科学情报；④开发智力资源。

目前公共图书馆普遍被认为有如下几种职能：①保存人类文化遗产的职能。早期的图书馆的作用为保存各民族文化财富，对于古书文集、历史文献的保护保存和人类文明的延续发挥了极大的作用。②开发信息资源与智库职能。图书馆对文献信息资源进行科学的整理和开发并广泛地推介给读者传播利用。随着文化建设的不断推进，公共图书馆的智库功能得到前所未有的发挥。③品德与素质教育职能。图书馆为读者提供获取文献资源的过程和方法，从而培养读者的道德品质和社会责任感等。通过各种形式的读书活动引导读者学习知识，提升素质。④文化职能。公共图书馆是我国人民群众文化生活的中心之一，它在传播文化、丰富人们的业余文化生活中扮演着举足轻重的角色。

（三）公共图书馆的社会角色分析

1. 公共图书馆的社会角色含义及实质

（1）公共图书馆社会角色的含义

角色又称社会角色，是社会学的一个概念。社会角色是指与人们的某种社会地位、身份相一致的一整套权利、义务的规范与行为模式，是人们对具有特定身份的人的行为期望，它是构成社会群体或组织的基础。社会角色由社会规范指导，包括适当和允许的行为形式。这些行为和行动在群体中反复出现。同时，这些规范是众所周知的，因此这些规范决定了这些角色适当的行为。当个人认可一个社会角色时（即他们认为这个角色是合法的和有建设性的），即可认为他们接受了角色的行为规范，也承认违反规范要被处罚的要求。

角色这一概念出现在诸多社会理论之中。在社会互动理论中，角色不是固定的或规定的，而是个人之间以一种试探性的、创造性的方式不断协商的产物。哲学家乔治·赫伯特·米德（George Herbert Mead）在他于1934年出版开创性著作《心灵、自我与社会》（Mind, Self and Society）中探索了角色这一概念。米德关注的是孩子们如何通过富有想象力的角色扮演、观察和模仿他人来学习如何成为社会的一部分。这总是以互动的方式完成的：只为一个人考虑一个角色是没有意义的，只有将这个人看成一个与他人合作和竞争的个体，这时考虑他的角色才是有意义的。角色也经常相互关联，在这些角色关系中，个人由于占据特定的社会地位而参与其中。事实上，个人扮演的社会角色可能是多重的，这些角色构成了一个相互关联的集合，这个集合一般被称为角色集。

讨论公共图书馆的社会角色即是对公共图书馆做了"拟人化"处理，即将公共图书馆这一机构视为"个人"，进而讨论其社会角色。角色是相互作用的异质工作分工，是社会情境下一系列相互关联的行为。"行为"主要是个人实施的，公共图书馆作为"个人"，其行为更多的是以其功能体现的。同时，由于角色的行为是一系列相互关联的行为，这些行为促成了异质专业职位之间相互作用的形成，显然，角色是一个行为集。故此，可以借此推论公共图书馆的社会角色并不单纯等于公共图书馆的功能，其角色更多是其功能的集合。借用角色集的概念，公共图书馆社会角色是由公共图书馆的相互关联的一些功能构成的，即每一个公共图书馆的社会角色是一个公共图书馆的功能集。公共图书馆作为社会角色既非公共图书馆的单一功能的拟人化表述，也不是为实现某一功能所实施的步骤的拟人化表述，而是用来描述公共图书馆功能集的名词。故此，公共图书馆社会角色是公共图书馆在社会情境中一系列相互关联的功能的集合，即功能集。

（2）公共图书馆社会角色的实质

图书馆界对公共图书馆社会角色的讨论更多的是从图书馆自身角度进行的，这种讨论方式整体上可以被视为对公共图书馆新功能的介绍。事实上，如果是在公共图书馆这一机构设立之初，这种讨论方式是合乎常理的，因为社会角色本身是社会互动的产物。社会互动在相遇之初，个体更容易对他对待别人的方式和要求别人对待他的方式进行选择。而一旦互动真正开始之后，再要求改变正在进行中的对待方式是十分困难的。就角色而言，一旦进入某一位置，个人便有义务去履行相应角色所包含的一系列行为，正是通过各种角色，社会中的一系列任务得以分配，执行这些任务的表演得以安排。故此，已诞生百年之久的现代公共图书馆单纯从其自身角度描述社会角色是不现实的。如果公共图书馆的表演得不到读者的认同，那么就会造成角色失调甚至角色失败。所谓角色失败，即由于种种原因，表演者无法继续表演或者即便仍在表演但已被证明实践失败的情况。尽管不是讨论公共图书馆的社会角色，但已经有许多学者开始采用调查读者意向的方式去讨论如何丰富公共图书馆的功能。

一般来讲，可以将图书馆角色的实质称为读者期待。需要指出的是，读者对公共图书馆的期待并不是凭空产生的。美国社会学家尔文·戈夫曼（Erving Goffman）指出，观众往往倾向于接受个体表演者在现行表演期间所投射的自我。公共图书馆向读者展示的不仅仅是其功能，更是公共图书馆作为"个人"的自我。从某种意义上说，读者期待不单是读者对图书馆馆藏、设备、服务或者馆员的期待，读者期望更多的是读者对公共图书馆这一概念理解的投射。事实上，公共图书馆社会角色的形成应被视为公共图书馆的"个人"展示和读者期待之间相互作用的结果。根据上述戈夫曼的观点，在公共图书馆诞生百余年的今天，显然读者对公共图书馆的社会角色更具发言权。如果公共图书馆向读者所展示的自我是其实质——给读者提供一个认知世界的方式——那么公共图书馆社会角色就是读者对公共图书馆实质理解的投射。故此，可以认为，公共图书馆社会角色的实质是一种读者对公共图书馆实质——透过公共图书馆认识世界的一种方式——的理解的具现化表达。这种表达实际上是读者如何通过公共图书馆理解这个世界，读者如何利用公共图书馆，或者说在读者眼中公共图书馆是什么的一种总结性表达。公共图书馆社会角色实际上是对公共图书馆实际是什么的一种总结。

2. 公共图书馆社会角色的类型

根据社会角色理论，一个人或组织时常扮演着多种角色，也即人或组织是一个多重角色的综合体，扮演角色的多少，除了受制于人或组织的基本任务和职能外，也受特定历史时期的社会需求的影响。随着社会的发展，公共图书馆扮演的社会角色越来越多。对公共图书馆而言，其社会角色的分类依据以及类型划分具体如下。

（1）公共图书馆社会角色的分类依据——情境

社会角色的分类方式是多样的，如按角色的规定性可分为规定性角色和非规定性角色，按角色的心理活动分为自觉的角色和非自觉的角色。尽管不同的理论下对社会角色的分类是不同的，但每一种分类方式事实上都基于一个前提——情境。当一对吵架的情侣发现有客人来访时，他们会迅速转变为亲密的情侣以接待客人。这也是由于客人的突然介入让这对情侣所处的情境发生了改变，让他们从吵架的情侣变为恩爱的情人。由此看来，角色变换的依据是情境。个人处在不同的情境下，其扮演的角色是不同的。

就公共图书馆而言，公共图书馆社会角色是由公共图书馆相互关联的一些功能构成的，每一个公共图书馆社会角色都是一个公共图书馆的功能集。同时，这些公共图书馆社会角色构成了公共图书馆这一整体。

公共图书馆的实质是为读者提供一个认识世界的方式，而公共图书馆社会角色的实质是读者对公共图书馆实质理解的具现化表达。当前环境下公共图书馆是一个复合型的机构，这也就决定了在公共图书馆这一概念下，公共图书馆社会角色是多重的。要想对公共图书馆社会角色进行分类，自然要遵循一定的标准。对读者而言，这一标准取决于读者在看待公共图书馆时所处的情境。

（2）公共图书馆的类型划分——核心社会角色与衍生社会角色

戈夫曼指出："如果把社会角色定义为对系于特定身份之上的权利与职责的规定，那么，我们便能说，一个社会角色总是包含一个或一个以上的角色，其中每一个角色都可有表演者在一系列场合下对各种同类观众或由同样的人组成的观众呈现。"

以医生为例，当患者想起医生这一形象时，最先出现的是身着白大褂在诊疗室中问诊的形象。这是因为患者对医生的认识是基于最初医生这一职业所展现出来的形象而形成的。同时这一形象在日常生活中也最为常见，以至于人们形成了一种惯性思维，即医生就是坐在诊疗室里身着白大褂的人。这一形象是医生的表征。但在诊疗室、手术室和医学教研室等不同环境下，医生的角色是不同的。这些不同的角色构成了医生这一整体概念。对患者而言，手术室中的医生形象和医学教研室中的医生形象是诊疗室中医生形象的衍生，是患者在诊疗室医生这一形象的基础上延展而来的。由此，可以认为，"诊疗室中身着白大褂的人"这一形象是医生的核心，而其他情境下的医生形象是它的衍生。核心形象和衍生形象共同构成了患者眼中的医生。

对公共图书馆社会角色的讨论实际上是将公共图书馆做了"拟人化"的处理。公共图书馆是一个"人"，这个"人"被读者称作公共图书馆。公共图书馆社会角色的形成过程是一个公共图书馆展示自我和读者理解的过程。同医生一样，存在着某一情景能够让读者意识到这就是公共图书馆，这一情境下的公共图书馆形象即为公共图书馆核心社会角色。同时，我国学者周旖、于沛在《公共图书馆的基本立场与社会角色——对〈公共图书馆宣言〉1949年版、1972年版和1994年版的分析》一文中也明确使用了"核心社会角色"一词。该文章指出，其他角色可视为核心社会角色派生或延伸而来的。故此，可以将公共图书馆社会角色分为核心社会角色和衍生社会角色。

那么在何种情境下，读者能够意识到这就是公共图书馆呢？无论建设主体是谁，只要能够向公众免费开放且提供文献服务的场所都应被视作公共图书馆。公共图书馆将各不相同、价值各异的文献统一收集到一个场所之中，这形成了一个令人惊奇的所有文本的总汇。由此可见，公共图书馆与其他公共场所的最大不同在于，公共图书馆中保存了大量文献且能够提供文献服务。同时，公共图书馆设立的初衷就包含教育公众。无论是实现教育目的还是提供文献服务，这都需要读者选择并阅读公共图书馆馆藏文献。让读者阅读也是公共图书馆价值的体现。可以认为，读者是在利用馆藏资源，或者说读者是在阅读这一情境下认识到什么是公共图书馆的。即公共图书馆核心社会角色是在读者阅读这一情境下产生的。

需要指出的是，一般认为随着公共图书馆的发展，其功能越来越多，致使其所扮演的角色也越来越多。但是，有研究指出，公共图书馆为读者提供的服务支持一直是多重的。尽管公共图书馆的功能不断更新，但角色却是一以贯之的。随着时间的推移，公共图书馆得到不断发展，读者得以不断认识公共图书馆，而新的认识是在旧的认识基础上形成的，新的社会角色是在旧的核心社会角色上衍生而来的。

（四）我国的公共图书馆立法研究

1. 我国的公共图书馆立法进程

（1）国家层面的公共图书馆立法进程

2017年11月4日是一个值得图书馆人铭记的日子，由全国人民代表大会常务委员会正式审议通过了《公共图书馆法》。通过对相关文献资料的梳理，可以发现从立法的启动开始，距今已有四十多年历程，最早可从改革开放之初算起。立法进程总体上可分为五个阶段，分别是酝酿阶段、起草阶段、调研阶段、意见征求阶段、审议阶段。

①酝酿阶段（1978—2000年）。1978年改革开放之初，随着经济和社会的发展，立法环境迅速得到改善，经济和教育领域的相关立法也不断增加，对于图书馆立法的相关建议和呼声更是不断，且《中华人民共和国宪法》（以下简称《宪法》）中规定，国家要大力发展各项文化事业，而图书馆恰恰是文化事业的重要组成部分。这表明国家层面对公共图书馆的重视程度非常高，为以后公共图书馆立法工作的顺利开展提供了根本有力的保障。之后我国教育部和原文化部相继颁发了若干图书馆条例，并于1996年首次从全国人大层面呼吁图书馆立法。

②起草阶段（2001—2011年）。2001年启动起草工作，这一阶段是我国公共图书馆立法的正式开端。该草案在一年多时间内修改完善到了第三稿，但在一些关键问题上出现了阻碍，如立法目标、组织、具体条款等方面该如何统一界定。主要是受到各部门利益和思想观念矛盾的影响，此后图书馆立法工作停滞不前，直到2005年9月有了新的转机，原文化部牵头其他几个部门成立了《中华人民共和国图书馆法》起草工作领导小组，至此立法工作才算得以重新启动。根据全国人大常委会的立法规划，《公共图书馆法》的研究制定从2008年年初正式启动，2011年年底，原文化部向国务院提交了"草案送审稿"。

③调研阶段（2012年—2015年11月）。此后，就开始由国务院原法制办公室负责图书馆法案的审理工作，并开始向相关部门进行意见征求。同时国务院原法制办公室和全国人大开展了一系列的实地调研活动，集中围绕我国图书馆界立法有什么需求需要、解决什么问题等进行了细致探讨，重点听取了各地方政府立法部门和地方人大的建议。这些调研有力地促进了国务院原法制办公室和全国人大与图书馆行业的沟通交流并最终达成共识。

④意见征求阶段（2015年12月—2016年12月）。2015年12月国务院原法制办公室正式公布"征求意见稿"并开始公开在全国征求意见。原文化部随即

在北京召开立法的专题研讨会，参与的社会各界代表和行业专家对此稿给予了高度评价和期望，并提出了加快推进立法进程的建议，争取能早日出台相关的正式法规。与此同时，图书馆界也在积极向国务院原法制办公室出谋献计、建言献策，提供咨询意见。

⑤审议阶段（2017年1月—2017年11月）。2017年国务院将《公共图书馆法》列入年度立法工作计划的重点。继国务院原法制办公室公布"征求意见稿"之后，国务院常务会议又审议通过了"草案"，并将"草案"提交全国人大审议。全国人大常委会成员充分肯定了制定《公共图书馆法》的必要性。参会的专家和学者对如何进一步发挥图书馆职能、健全运行制度及鼓励社会力量参与等方面提出了许多宝贵建议。此次会后立法进程明显加快，为推动2017年11月《公共图书馆法》的迅速出台起到了积极作用。

2017年11月4日，全国人大常务委员会会议终于高票顺利通过《公共图书馆法》并于下一年开始正式实施。此法具有里程碑式的意义，这是党的十九大之后第一部有关文化的立法，也是公共图书馆事业历经百余年发展进入新时期的标志。它将公共图书馆事业管理上升到法治层面并成为国家治理的最高依据，明确规定了在新时代下公共图书馆事业需要坚定的原则和发展的方向，全面适应了国家治理的新要求。

（2）地方层面的公共图书馆立法进程

当前我国的立法体制是中央和地方共同享有立法权。目前的地方图书馆立法多是在无国家层面立法出台前，依据《宪法》和《中华人民共和国立法法》来展开制定的。《宪法》明确规定，地方性法规有权被地级市以上（含地级市）人民代表大会及其常务委员会制定，地方政府规章有权被地级市以上（含地级市）人民政府制定。在这种情况下，部分地区意识到只有加强地方立法，才能为公民随时享有图书馆服务的权利创造条件。这些地区干劲满满地投身到图书馆地方立法的探索中，且收获了丰富硕果。目前我国制定并出台了地方图书馆法规或规章的有贵州省、上海市、深圳市、内蒙古自治区、湖北省、北京市、河南省、广西壮族自治区、浙江省、深圳市福田区、乌鲁木齐市、山东省、四川省、广州市、东莞市、重庆市、佛山市等。总体上可大致分为立法起步、快速兴起、繁荣发展三个阶段。

①立法起步阶段（1982—1999年）。自1982年《省（自治区、市）图书馆工作条例》出台后，许多地区陆续制定市县图书馆工作条例，用以指导市县图书馆的相关工作。我国内地最早的图书馆地方政府规章是由贵州省于1985年6月

颁布的县级工作条例。在这之后，天津市人民政府于1986年通过了由市原文化局牵头制订的关于图书馆工作的市县工作条例。再接着是上海市于1987年通过了区县管理办法，最终在9年后推出《上海市公共图书馆管理办法》。深圳市人大常委会也于1997年颁布了地方图书馆立法。这些规章制度产生的时间均较早，但作为我国地方立法的阶段性成果，它们的实践经验对以后的立法制定工作具有指导意义，是公共图书馆法治体系构建的奠基者。

②快速兴起阶段（2000—2009年）。迈过千禧年后，陆续有部分省市及自治区的人大或政府部门出台了图书馆规范性文件及法规，如河南省、北京市等地。2000—2009年这十年间，地方立法成果高产，各地图书馆立法如雨后春笋般展露头角，这和当时国内高涨的地方立法积极性息息相关，各地纷纷开展立法实践，逐渐重视图书馆建设工作。相关学者认为，这一阶段所有的立法成果中，北京市颁发的图书馆条例是最能代表这一阶段的立法质量的。此外，立法的修订工作首次出现，如上海市人民政府分别于2002年和2004年两次对其颁布的法规开展了修订工作。地方图书馆立法的快速兴起阶段，在立法的"质"和"量"上都有突飞猛进的增长。

③繁荣发展阶段（2010年至今）。2010年，我国立法工作和立法成果均取得了显著成就。国家"十二五"和"十三五"时期出台的文化发展改革规划纲要，对地方公共图书馆立法的蓬勃发展起到了强有力的推动作用。四川省和广州市的图书馆条例经前期多次的征求意见和调研商议修改，分别于2013年7月和2015年1月出台。之后上海市人民政府第三次开展了管理办法的修订工作，多次的修订使得该法律条款的内容更加完善，法律执行上的操作性更强。此后，东莞市和重庆市的人民政府也相继在2016年12月和2017年9月颁布了公共图书馆管理办法。2017年11月，全国人大通过《公共图书馆法》。2020年9月和2021年2月，贵州省人大常委会和佛山市人民政府在国家层面的图书馆专门法出台后也分别出台了各自的图书馆条例和图书馆管理办法，其中，《贵州省公共图书馆条例》第一条指出，该条例为"促进公共图书馆事业发展，发挥公共图书馆功能，保障公民基本文化权益，传承人类文明和多彩贵州文化，坚定文化自信"，其立法结构则由总则、设立、运行、服务、法律责任等构成。可见，相对于办法，条例更倾向于从宏观角度为当地公共图书馆整体运行与未来事业发展制定更为全面、系统的战略规划，法规性更强。这一时期，不仅立法成果丰硕，立法质量不断提高，而且立法内容更加丰富、更加完善。立法思路相较之前表现为更加注重图书馆立法的制度创新和加强展现地方特色等方面，更加凸显科学民主化。

在上述所列的 17 个开展了地方公共图书馆立法工作的地方中，有 11 个省级行政区颁布了自己的图书馆管理办法或图书馆条例，占全国总数的 37.5%（除港澳台三地）。另外，除 3 个直辖市外，只有乌鲁木齐市、广州市、深圳市、东莞市、佛山市等较发达的城市出台了相关法规，几乎均为广东省的副省级城市和地级市，这在一定程度上也反映出广东省公共图书馆事业的发展水平在全国是处于比较领先的位置的。

此外，值得特别关注的是，福田区作为广东省深圳市的一个城区也积极进行了立法探索，福田区管理办法的颁布为福田市民读者提供了更高效便捷、普遍均等的高品质文化服务，为福田中心区的经济文化建设和社会发展做出了重要贡献。陕西省、辽宁省、海南省等地的地方性法规条例也在酝酿中。

2. 公共图书馆立法的意义

（1）《公共图书馆法》立法的意义

公共图书馆要满足公众的文化需求，进一步解决为公众提供文化服务不平衡不充分的难题，即应当肩负起文化建设的社会责任。《公共图书馆法》以提高科学文化素质、保障公民基本文化权益为基本目的，适应新时代中国特色社会主义发展的内在要求。其立法意义可从下面四个方面来看。

①有利于完善文化法律体系。文化立法是我国法律体系中不可分割的重要组成部分，是推进建设社会主义法治国家的必经之路。但与金融、社会等其他领域的法律法规相比，我国文化立法较少，这不利于国家文化大发展、大繁荣的理念推动。《公共图书馆法》作为一部全国性的图书馆专门法，有力地弥补了国家层面图书馆立法的空白，为完善我国公共图书馆的法律体系建设添上了浓墨重彩的一笔。

②促进图书馆事业的繁荣发展。虽然迈入 21 世纪以来我国图书馆事业发展迅速，但由于各地区社会发展不均衡，图书馆事业的发展也呈现出明显的地区差异性，尤其是在东西部间、城市和农村间表现出明显差距，这种差异性阻碍了图书馆事业的全面平衡一体化发展。但国家立法规定将建立起统一的图书馆服务网络，全面覆盖城市和农村的每个角落，此举将促进我国公共图书馆事业的繁荣发展。

③健全政府对图书馆的职责。国家通过加强政府的职责建设，来确保公众文化权利的实现，政府是指导图书馆事业如何发展、往什么方向发展的主体，最基本的要求是完善图书馆基础设施建设。然而，就目前来看仍存在一些问题，如思

想重视程度不够、责任落实不到位、保障措施缺乏等。《公共图书馆法》中对此都有具体阐明，如发展公共图书馆的主体应该是谁、未来发展该如何规划、经费问题怎么落实等，为图书馆的未来发展指明了方向和道路。

④保障公民基本文化权益。公众文化权益得以基本实现的路径就是积极主动地参与到文化生活中，让文化生活渗透到老百姓日常生活的方方面面。《公共图书馆法》的颁发，有利于解决长期在我国存在的图书馆资源和文化资源配置不均衡的问题，使得每一个公民都有机会便捷平等地享受公共图书馆提供的文化服务，有利于增强公众的文化体验感、获得感、幸福感，使其精神世界更加充实和富足。

（2）地方公共图书馆立法的意义

我国是一个人民当家做主的国家，法律规章在法理上具有扬善惩恶、扶正祛邪的作用，同理可知，地方公共图书馆立法也在保障图书馆弱势群体权益方面发挥着积极作用。目前在我国，公共图书馆的社会认同感还比较低，公共图书馆事业的发展还有很大的提升空间。提高全民综合文化素质，实现信息资源交流共享，推动社会协调发展的伟大目标，单单依赖公共图书馆是难以实现的，还需要倚靠全社会的共同努力。我们可以从以下三个方面来看地方公共图书馆立法的意义。

①保障作用。明确的规章制度不仅为地方立法发展所需的人力物力、馆舍经费、基础设施等资源提供了清晰界定，同时也为公众平等利用公共图书馆文献获取知识、信息和服务等需求提供了强有力保障。此外，公共图书馆事业属于公共文化事业范畴，是公益性质的非营利性单位，一般短时间内无法得到立竿见影的效益产出，只能采取强制的法律手段确保公共图书馆的平稳正常运行。

②规范作用。地方公共图书馆立法主要是平衡调整和规范图书馆事业的各项活动，使各行为主体的权利和义务得到保障。对各行为主体进行规范，这里的行为主体不仅有读者，还包含政府、图书馆相关部门等，以此来保证双方权利受法律保护而不受侵害，共同推进地方公共图书馆事业健康快速发展。

③促进作用。在社会精神文明建设的推动下，我国地方公共图书馆事业总体上取得了不小的进步，但由于不同地区的发展水平不同，呈现出不平衡的特点，彼此间存在一定的差距。整体上看，经济发展水平是影响我国地方开展公共图书馆立法工作的一个因素，发达地区的图书馆法律体系建设水平总体高于欠发达地区，南方城市的图书馆总体发展程度也高于北方地区。所以各地方政府及图书馆管理部门要通过加快地方公共图书馆立法进程的方式，缩小地区间的差距，强化政府对公共图书馆管理职能的宏观调控，促进共同进步，共同维护图书馆事业的和谐发展。

第三节 图书馆管理的历史进程

一、古代图书馆管理的发展

（一）官府图书馆的管理

我国最早的图书馆出现于公元前2000多年，当时的人们就已经开始收藏文献信息资源了。我国古代的图书馆称为藏书楼，图书馆是近代才引进的称呼。公元前16世纪至公元前11世纪的商代，随着文字构成和语法组织的发展，商代的文献收集和保管已经有了极大的发展。商代甲骨文献的收藏可以被视为古代图书馆管理的萌芽。

秦朝统一中国后重视典籍的收藏，曾先后建立了多处宫廷和政府机构的藏书楼。可惜，秦末的楚汉相争使宫廷藏书遭受了极大的损失。汉代初期采取了宽松的文化政策，从而使官府的藏书得到了极大的丰富。

魏晋南北朝时期，由于战乱不断，官府藏书的状况时好时坏，不过纸张的普及和写本书的大量出现，还是极大地丰富了图书馆的馆藏资源。单就图书编目而言，这一时期取得了丰硕的果实。纵观魏晋南北朝时期的目录学，它在继承和发展《七略》《汉志》所创的六分法的基础上，有自己时代的目录学特色。在这一时期，人们对图书目录的分类法也进行了相应的探索，在四分法以外，出现了多种分类法，如五分法、七分法、九分法等图书分类法。

其中最为著名的就是四部分类法。《隋志》中也提到文学家荀勖在《中经》的基础上更著《中经新簿》，共分为四部，即甲部、乙部、丙部、丁部。四分法也自此流传并为后世所发展。三国时魏国的目录学家郑默编有《中经》，分类已无可考。因此，荀勖所著的《中经新簿》是第一部见于史载的四部目录。四分法究竟由何人所创，至今未有定论。所以学界一般都认同将存世的《中经新簿》作为四分法的起源。自此，我国目录学史上就出现了"四部分类法"。

清人钱大昕的《补元史艺文志序》中对图书分类法由《七略》的六分法发展到四分法的演变过程做了陈述，也讲了除了四分法之外的其他分类法的发展演变。

荀勖的《中经新簿》在图书分类法上做出的调整，目的就是适应当时的图书的发展变化。后世的许多图书分类法大多延续荀勖开创的四分法，虽然不成熟，但是已经具有重要的创新精神，在当时的书目分类法上已实属难得。

隋唐时期由于经济、文化的快速发展，官府图书馆也同样快速发展。官府图书馆的管理是隋唐时期图书馆发展最为成熟的典范，在图书采集、整理、编目、管理体制等方面形成了一个有机联动体系，具体分析如下。

①图书采集。隋唐时期，为了充实图书馆的藏书数量，建立了一套完整的图书采集体系，在一定程度上克服了社会动荡时期因图书遗失带来的弊端。但当社会结构处于崩溃的边缘时，其运作机制也会失去原设效率。

②图书整理。图书整理是隋唐时期图书馆管理的主要工作之一，包括图书校对、补全、抄写、标记等。这一时期图书整理规模之大和成果之丰，当为唐朝发展的顶峰，强大的经济基础和制度设计为图书整理提供了有力的支撑。安史之乱后，社会经济的凋敝和社会动乱的频发对图书的整理和采集造成较大的影响，其规模远不如前。总之，隋唐时期的图书馆整理都是在图书亡逸后，朝廷在付出大量人力、物力的基础上对搜集到的图书进行的抢救性工作。

③图书编目。图书编目是图书馆建设的重要内容之一，隋唐时期在图书馆建设过程中，为了更好地管理图书，对图书进行了编目和分类馆藏。隋朝编撰的目录有《开皇四年四部目录》《开皇八年四部目录》《开皇二十年书目》《香厨四部目录》《隋大业正御书目录》《四部书目序录》；唐代编撰的目录有《古今书录》《唐集贤书目》《唐四库搜访图书目》《开元四库书目》《紫微楼书目》、《崇文总目》《史馆书目》等。这些书目的编撰为后世梳理和研究这一时期的图书馆发展状况及文献疏证提供了对照，同时也是这一时期图书馆发展与进步的表征。

④藏书管理制度化。图书馆管理的制度化是隋唐时期制度设计的一大特征，主要表现为职官设置的阶序化、体系化和系统化三个方面，由此形成对图书资源的采集、编目、管理、整理的庞大运作网络，构成健全的图书馆运行机制。

总之，隋唐时期图书馆管理的制度化和体系化是其发展的主要表现。建立健全制度管理体系，使得图书采集、整理、编目等图书馆建设工作有效推进。完善的图书馆管理体系是隋唐时期官府图书馆发展的基础，也是官府图书馆向前发展的动力源。

宋元时期的印刷书本大量出现，藏书更趋于丰富，同时官府藏书的整理工作更加频繁。明朝虽然同样设有官府图书馆，但实际上官藏的管理力量却被削弱了。清朝从康熙帝开始重新重视官藏，到乾隆年间建立了完整的官府藏书体系。

（二）私人图书馆的管理

魏晋南北朝时期出现了我国最早的私人图书馆。由于早期纸张载体得之不易，各家藏书的数量不多,品种也不繁富,但早期的私人图书馆采取了开放的管理模式,允许互借互抄,这种做法对我国古代社会的图书馆发展产生了深远的影响。同官府藏书一样,随着经济文化的发展,各朝各代的私人藏书无论是数量、质量还是管理上都有长足的进步,到了明清时期,私人图书馆的发展达到高峰,尤其体现在书目分类体例的发展特征上。

明代书目编纂成果丰富,明代藏书家所收的书目不仅数量多,而且书目种类丰富,尤其是明代私人藏书家,他们对书目的分类方式进行了颇多尝试,取得了丰富的成果。

明代私人藏书家不仅文化素养高,而且对书籍的收藏有很高的要求。对于一些重要的稀缺书目不惜重金购买,也体现了明代私人藏书家对书目的珍视和爱惜。明代私家藏书事业的兴盛离不开他们的努力。明代官修书目大多是在《文渊阁书目》的分类法的影响下稍做调整,私人藏书家也或多或少地受此影响,但是明代私家书目所收录的书目内容不断增加,尤其是小说、戏曲等内容的收录,传统的四分法已难以适应其内容的分类,这也是明代私家书目分类体系改革的一个重要原因。在藏书家和目录学家的共同努力探索下,形成了明代独具特色的书目分类方式,不仅适应了当时的图书分类,而且推动了图书馆事业的发展,对清代的目录学发展也产生了重要影响。

私家藏书事业在明代发展到兴盛,尤其是江浙两地的私家藏书事业持续发展,以赵琦美、焦竑、陈第等私人藏书家为代表。这些藏书家不仅学识渊博,而且藏书丰富,对明代私家书目的发展起到了决定性作用。

明代高儒的《百川书志》在传统目录四部分类法的基础上,根据所收图书的实际情况,设置了九十二个子目。与《隋志》的四分法下设置的类目相比,在经部上增加了大学、中庸、蒙求等六类,将原在史部中的仪注归入经部作为一类,删除了《隋志》经部中的纬书类;在史部增设了编年、史钞、故事、御记、史评、传记、时令、史咏、文史、野史、外史、小史等类,删改了《隋志》史部中的古史、杂史、霸史等类目;在子部增设了德行家、崇正家、政教家等十五类;在集部增设了秦汉六朝文、唐文等二十三类,体现了高儒对《隋志》四分法的继承与发展创新。

明代私家书目对传统四部分类法做了较大的增删分合,并创造了许多新的图书分类体系,构成了明代私家书目的主流。众多的图书分类法,丰富了我国古典目录学宝库,适应了学术发展的需要,对明代官修书目和清初私家目录都产生了不可磨灭的影响。

在继承和发展明代目录学的基础上，清代的古典目录学发展到鼎盛时期。清代的私人藏书家也十分重视藏书目录的编纂。清代的私人藏书目录具有著述数量多、记录范围广和学术价值高三个特点，为后世研究者所重视。清代书目的分类体系仍取四部分类体系，但子目增减变动较大。

清代私人藏书家目录的成就主要体现在两个层面：一是藏书目录的文化性层面；二是清代私家藏书目录的目录学价值层面。

清代私人藏书家在继承明代书目分类法的基础上，继续进行图书分类法的探索和研究。清代作为最后一个封建王朝，文化上也是发展繁荣的，统治者同样重视文化教育，因此，这一时期的文学著作也取得了丰硕的成果。主要表现在图书数量的急剧增加、书目种类的风格多样，这为清代图书分类法的发展提供了机遇，也推动了清代目录学的发展。清代的《四库全书》把四分法推向成熟。清代官家书目大多沿用四分法，创新较少。然而，清代私家目录的目录学价值则主要表现为其在著录理论和方法上的发展创新。

清代学者孙星衍的《孙氏祠堂书目》在书目的编纂理论上亦有创新之处，即从部类编次来看，首列儒家经典和与语言文字学性质的小学书，其次为诸子和天文、地理、医律等实用性的百家著作，再次为史籍和有裨史实的金石文献。

在书目分类方面，总的来说，明代至清中叶数百年间，私人藏书家对书目分类体例进行了多种尝试和创新，表现为灵活多样。清中叶至清末，分类方式创新较少且较为规范与严谨，但是这两种分类体系皆大体表现了新兴图书类别的需要，揭示了当时的文化走向。

明代的私家藏书目录在形式上的通俗化，主要表现在分类方式、类目的设置上。明代私家书目的类例主流是不拘一格的多分法的分类方式，这种通俗化的分类方式首先表现为对当代学术文化的切实反映。例如，宋元以来大量产生的性理著作——《郡斋读书志》《遂初堂书目》以及《直斋书录解题》均未设类著录。明代的私家目录如《菉竹堂书目》《宝文堂书目》等，大都在自己的书目类例中增设性理类，或置于经部，或与其他大类并列，使此类著述有类可归。

当然，关于明代的图书事业，其相关文化的发展并不止于理学。为了适应明代学术的发展，明清私家藏书目录也呈现出新的面貌。如高儒的《百川书志》，于子志增设德行家、崇正家、政教家、隐家、格物家、翰墨家、卫生术、房中术、卜筮家、占梦术、杂艺术、子钞等类目，多是前人所未曾注目者；《宝文堂书目》则是增乐府、举业、年谱等类，立类更为详细。明代私家目录分类方式的通俗化还表现在通俗文学的类目安排上。

清代私家目录大多是直接继承明代私家目录分类法，明代私家目录著录了许多通俗小说、戏曲、话本等，这在清代的私家书目著作中也有所著录。清代是最后一个封建王朝，在这一时期，图书的分类方式基本上也趋于定型。清代的私家目录在继承前代，尤其是明代的图书分类法的基础上，也取得了一定的成就。

（三）书院图书馆的管理

书院藏书是从北宋到清末的一种藏书形式，与现在的高校图书馆相似，其藏书的目的是为师生提供研习之资，服务、服从于其教学与学术研究工作，并形成了独具特色的公共性与开放性管理模式。

二、近代图书馆管理的发展

1842年中英鸦片战争之后，西方传教士携带着西方文化开始向中国腹地渗透，并以上海为中心进行传教和文化学术活动，由此奠定了上海近现代图书馆的基础。其中最有名的是徐家汇藏书楼、上海图书馆等。虽然这些图书馆引进了西方国家的管理方式，但由于这些图书馆几乎都是为外国人服务的图书馆，对我国近现代图书馆事业和学术的发展并没有产生实质的影响。

清朝末年，清政府倡导建立公共图书馆，从而掀起了创办新式图书馆的热潮。公共图书馆的创办、图书馆管理体制的建立、图书馆管理制度的建立、公共图书馆观念的传播、西方图书馆学术的翻译介绍奠定了我国近现代图书馆管理发展的基础。

辛亥革命彻底结束了我国的封建统治，出版业开始蓬勃发展，各种类型的文献数量大幅度增加，各地图书馆的兴办也风起云涌。中国图书馆事业的最大成就是一批图书馆学者学成归国，他们带来了先进的图书馆管理思想。在这些优秀人士的倡导下，我国的图书馆管理工作逐渐步入正轨，图书馆管理制度也随之发生了很大的变化。具体表现在以下三个方面。

首先，图书馆法令的公布和实施。1912年，政府公布了修正教育部官制12条，其中包括博物馆、图书馆和通俗图书馆巡回文库事项，5月直隶总督张金波又公布了应该在城镇乡村设立图书馆的法令。1913年还公布了图书室规则10条。1914年《通俗图书馆章程》认为，通俗图书馆应该以不收费用为原则。

1915年教育部又连续颁布了《通俗图书馆规程》和《图书馆规程》，在《通俗图书馆规程》第1条中规定"各省治、县治应设通俗图书馆，各自治区得视地方情形设置之。私人或公共团体，公私学校及工场，得设立通俗图书馆"。《图书馆规程》第1、2条中规定"各省、各特别区域应设图书馆，各县得视地方情形设置之，公立、私立各学校，公共团体或私人，依本规程所规定的设立图书馆"，可见这两条规定都是在鼓励图书馆在全国各地的创建，有利于图书馆的快速发展。法令的颁布收到一定的成效，这种情况在民国图书馆碑刻中也有所反映，相关记载有："民国四年，教育部颁布《通俗图书馆规程》十一条，省有省立，县有县立，市有市立，乡有乡立，于是图书馆乃遍于全国。今日统计，不下三四千，其推进之速，有如是者。"这表明了图书馆在民国时期建立速度之快，推广范围之远。

关于图书馆的人才选拔制度，在《图书馆规程》中并没有对馆长和馆员做出任何限定。直到1927年大学院设立，12月大学院公布了《图书馆条例》和《新出图书呈缴条例》，在《图书馆条例》中对聘任馆长做出了一定程度上的限定：第一，国内外图书专科毕业者；第二，在图书馆服务9年以上而有成绩者；第三，对图书馆事务有相当学识及经验。表明只有具备上述条件的其中一项，方可成为一馆之长。随着图书馆人才选拔制度的不断完备，图书馆人才队伍的建设机制逐渐成熟。

1930年接连颁布了《新出图书呈缴规程》《图书馆规程》和《私立图书馆立案办法》。1932年，教育部颁布《民众教育馆暂行规程》，其中第8条规定省市及民众教育馆需设立阅览部，包括巡回库、民众书报阅览所等。

1933年教育部颁布《中学规程》，其中规定中学应具备重要场所中所需有的图书馆或图书室。当然，地方也颁布了许多图书馆法令，这一系列法令的颁布，为图书馆的创建和发展提供了重要的法律基础和依据。

1937年抗日战争全面爆发后，大多数图书馆毁于战火或为躲避战乱被迫西迁，图书馆事业的发展受到一定的影响，但有关图书馆的法令和措施还在不断颁布。这一时期图书馆的法令和措施更加细化，对图书馆的机构设置、馆长及各项负责人的资格、工作时间、经费分配、计划等各项内容都做了详细的规定。

1939年7月教育部颁布了《修正图书馆规程》33条，之后依据其中的第8条和第9条，制订并颁布了《图书馆工作大纲》18条。1944年又颁布了《图书馆工作实施办法》，这些都对各级图书馆业务部门的工作内容、服务对象做了具体的规定。

抗日战争时期，国民党政府的腐败和经济危机导致图书馆事业和教育事业受到较大影响，导致国民党政府虽颁布了不少法规，实际效果与法规的要求却相差甚远。但是法规的颁布还是在一定程度上保证了图书馆的正当权益和地位，使图书馆的创建有法可依，直到抗战胜利后，图书馆又得到了快速的发展。

其次，图书馆业务管理方面，开始打破传统的经、史、子、集四部分类，采用西方《杜威十进分类法》或《美国国会图书馆分类法》对图书进行分类。

最后，开架阅览开始逐步推广，方便了读者，节省了借阅时间。馆际互借也有了相关规定，甚至出现了类似流动图书馆的巡回库的管理方式。

三、20世纪下半叶以来图书馆管理的发展

新中国成立后，国家为了提高人们的文化水平，对之前存留的图书馆进行了整顿。随着人们的不断努力，我国的图书馆有了相当大的进步。因此，人们对图书馆管理提出了更高的要求，即要求"图书馆管理满足新时代的需求"，即使当时人们对图书馆管理和图书馆管理工作的概念认识不清。于1956年，即新中国成立后的第七年，随着图书馆事业的发展，图书馆管理也有了相当大的发展，因为在图书馆管理中，渗透出了许多新观念。之后人们为了促进图书馆管理的发展，采取了开设图书馆管理课程、为图书馆制定合理的规章制度等手段。

随后图书馆管理踏上了新的征程。在这一阶段，我国召开了党的十一届三中全会，极大地促进了图书馆事业的发展。在这次会议的影响下，全国不仅成立了多处图书馆工作委员会，还颁发了许多有关图书馆的工作条例，这些行政措施也在一定程度上促进了图书馆管理的发展。1980年以后，中国图书馆学会召开了多次研讨会，如图书馆管理研讨会、情报管理研讨会以及科学管理研讨会，这些研讨会推动了图书馆的管理实践和理论研究的发展，打破了图书馆的传统管理观念。

此外，近些年，各个地方和高校的图书馆也针对管理理念和模式展开了相应的研究和探讨。例如，2021年9月9日，桂林理工大学图书馆召开以"抓管理、提能力、强服务、促发展"为主题的图书馆管理能力提升研讨会，与会人员结合各自岗位实际情况，对管理工作上的经验、存在的不足及困惑等进行了相互交流。随后，大家针对图书馆管理工作中的特点、存在的问题以及如何提升图书馆管理工作等进行了认真、广泛的交流和探讨。2022年11月17日，由教育部高等学校图书情报工作指导委员会、中国高等教育文献保障体系（CALIS）管理中心、上海交通大学图书馆主办，清华大学图书馆承办的"第十五届图书馆管理与服务创新论坛"在清华大学图书馆报告厅开幕，会议以线上会议的方式举行，着重探讨了与图书馆管理与服务创新有关的话题。

第四节 图书馆管理的内容与方法

一、图书馆管理的内容

根据图书馆管理的相关概念,可以知道图书馆管理工作是针对馆内的人、财、物以及时间、资源进行有效管理,因而,作为管理的主要对象,人、财、物以及时间、资源等是图书馆管理的主要内容。

具体来讲,图书馆管理的内容主要包括行政管理、时间管理、环境管理、服务管理、知识管理、质量管理等。由于知识管理、质量管理在后面章节中会有更加详细的介绍,所以这里只针对行政管理、时间管理、环境管理、服务管理进行具体阐述。

(一)行政管理

图书馆行政管理工作涵盖整个图书馆的日常运行,主要表现为对人员队伍、经费及图书馆设备的管理。首先是对人员队伍及人才分配进行管理。在图书馆管理中,人是重要的组成部分。合理管理好人才,将人才配备到能够充分发挥其作用的部门,是图书馆行政管理需要做到的重要方面。其次是对经费进行管理。图书馆的正常运作,离不开经费的支持。财务工作要遵循公开原则,接受员工监督。最后是对图书馆设备进行管理。图书馆中拥有数不尽的书籍,同时需要配备相应的设备以供读者使用。因此,对图书和相关设备进行维护是图书馆的主要工作,而人员队伍管理是图书馆行政管理的主要内容。

(二)时间管理

《心理学大辞典》中对"时间管理"的解释为:个体为有效利用时间资源进行的计划和控制活动,也即要在同样的时间消耗下,为提高时间的利用率和有效性而进行的一系列工作。其目标是使个体从被动地、自然地使用时间转变为系统地、集中地、有目的地、有计划地主动分配使用时间,从而进行高效的、富有创造性的劳动。

最初对时间管理的研究是从管理学的角度切入的,至今已有很长的历史。从管理学的角度看,时间管理是正确认识、合理规划以及有效利用时间的过程。其最重要的功能是对时间的提前预判和规划,是以实现最终目标为目的的提醒与指导。

时间是构成管理系统的要素之一,对时间的有效管理,是提高管理效率的重要举措。对图书馆而言,加强时间管理,就是科学、合理地安排与利用时间,在有限的时间内提高图书馆工作效率,为读者提供更多的服务;同时让读者在最短的时间内获取更多有价值的信息,提高信息利用的有效性。

(三)环境管理

环境是人类赖以生存的基础,图书馆环境是图书馆存在与发展的必要条件,是影响图书馆活动内外条件的总和。加强对图书馆的建设,尤其是对图书馆环境的建设与管理是图书馆发展的重中之重。

(四)服务管理

服务管理是图书馆管理的重要组成部分,而在讨论服务管理之前首先需要了解一下服务的内涵以及图书馆服务内容,以此来进一步加深对图书馆服务管理的理解。

服务是一个非常复杂的现象和行为,学界对服务概念的界定百花齐放、纷繁复杂。ISO将服务定义为企业与顾客之间实施了至少一项活动后的产出,也就是说,服务形成于企业和顾客交互的过程中,企业进行服务的主要方式有无形产品的给付、在顾客给予的任何产品上达成的操作、为顾客营造意境等。而营销管理学界普遍认为关于服务的界定始终是美国市场营销协会(AMA)总结得比较全面,抓住了服务的本质内容。融合现有服务的概念界定,可将服务归纳为满足顾客需求、创造顾客价值的、不可感知的系列行为、活动或过程,它能够为顾客带来效用、体验和满足感,且始终不牵涉实物的所有权的转移。

第一,服务是一组自身具有无形特质的行为或过程,与有形的商品有很大区别,但是服务可以借助某些东西从而有形化。

第二,服务的关键是交互,而不是交易。虽然服务型企业和顾客有买卖行为发生,但它们的实质是交互。如果没有交互,就不会对顾客感受到的服务质量产生影响。服务型企业与顾客的交互才能体现出服务的价值。

第三,服务贯彻的是一种理念,即服务于顾客的理念。不管是制造型企业,还是服务型企业,都在为顾客服务、为社会服务;不管是制造型企业的工人,还是服务型企业的职员,都是在为他人服务。

第四,服务已经是大多数企业维持竞争优势的关键,不论是传统的服务型企业还是其他类型的企业,都在提高服务性。

服务具有无形、不可分离、异质、易逝等纷繁复杂的特性。

首先，完全无形的服务很少，大部分服务还是能在服务过程中以某种方式使顾客感知到的。对无形的服务来讲，服务有形化非常重要。服务看不见摸不着，但如果使其具体化或者便于感知，那这就能成为顾客做出判断和选择的重要依据。

其次是不可分离性，就服务而言，必然是生产与消费并行且不能拆分的。那么在这个过程中，可能会有第三方顾客影响到顾客的体验与感知，因此服务型企业应该做好服务流程管理和顾客教育管理。

再次是异质性，这也是服务跟产品很不一样的地方。产品一般是流水线生产，在销售给顾客之前必有一个产品质量保证体系。但是对服务而言，生产与消费并立，服务过程中有很多要素是会影响到服务质量的，如人员与环境。所以服务型企业的员工对服务提供非常重要，而顾客在服务的过程中也同样重要。

最后是易逝性。服务是不能存放或退回的，因此服务型企业要想办法有控制地抑制和刺激需求。

图书馆的服务就是其利用馆员资源、文献资源、空间资源、技术资源等满足读者对信息获取的需求以及知识获取的需求的行为和过程。当前图书馆的各项服务工作都已形成内容丰富的完整体系，其中最主要的服务工作有以下六项。

①阅览服务。阅览服务是图书馆应用文献资源最为基础的方式之一，直接体现了图书馆的作用。图书馆可以轻松实现读者对纸本资源的触手可及，而图书馆之所以吸引读者，是因为它拥有丰富的信息资源、宽敞的空间、舒适的环境和配套齐全的设施。当图书馆提供阅览服务时，可以组织读者充分利用馆藏资源与空间资源，使图书馆成为读者进行学术交流、科学研究、学习研讨的重要场地和获取知识、获取信息的主要基地。

②外借服务。资源外借是图书馆众多服务中最为基础的服务项目之一。随着技术的发展，图书馆资源外借服务已经从传统的人工办理转向了借助现代化设备的自助办理。图书馆采用自助借还设备提供资源外借服务，大大提高了服务效率，而图书馆馆员的工作重心则转向引导读者更好地利用图书馆之上。

③信息参考咨询服务。信息参考咨询服务实际上就是图书馆馆员对读者在使用图书馆时遇到的各种问题提供快速有效的帮助和信息获取指导，并在服务过程中尽可能地引导读者进行优质的阅读行为。这需要图书馆馆员充分掌握馆内资源的特点，深谙图书馆各项服务流程，引导读者精准选择需要的资源，帮助他们更好地利用图书馆资源。

④文献检索服务。文献检索服务就是对图书馆的馆藏资源以及数字资源进行整合和有序化操作，为读者提供全方位、多途径的文献检索服务，从而使读者得

到自己需要的文献信息和导航服务的过程。新技术的发展使图书馆文献信息的查询、储存以及利用等方面发生了巨大变化,例如,有的图书馆利用云技术提供基于一站式检索与文献传递的云共享服务,有的图书馆依据读者需求专门建立和提供具有专业特色的特色数据库服务。

⑤学科知识支撑服务。学科知识支撑服务是指图书馆建立专业的团队以用户学科方面的需求为指引提供服务。当前学科知识支撑服务已经突破按载体管理资源的老套路,充分利用数字资源提供学科服务。目前众多图书馆已提供此项服务,力争为用户提供贴近科学研究、学术交流、学习考评等所需的专业资源,提高图书馆资源建设与保障的专业性和精确性。

⑥宣传辅导服务。为更好地利用图书馆收藏的文献资源,扩大其在社会上的影响力,图书馆除了要完成好资源流通的推广工作,还要完成好宣传辅导工作。而阅读推广、图书馆讲座、读者教育都是最为常见、最为基础的宣传辅导工作。这些服务工作都是通过推荐优质文献资源、引导读者正确理解书籍内容、辅助读者从优质资源中汲取营养的方式来实现当代图书馆履行知识服务与信息推广的职能。

服务管理是对涉及服务各要素的有效安排与优化,以提高服务管理的水平与服务效果。图书馆有必要加强服务管理,在服务理念、方式与手段等方面进行创新,始终以"读者第一"的观念为导向,以"优质服务"为目标,以服务资源的最大化利用为最终目的,借助现代化技术与手段,制定科学的服务管理战略,加强对馆员的思想建设。同时,图书馆应根据服务效果的反馈,及时调整工作,以真正提高服务质量,使自身的服务管理得到社会各界的认可。

二、图书馆管理常见的方法

(一)行政方法

行政方法是指管理人员运用制度、规定、条例等行政手段,按照组织能级的层次,以服从为前提,直接指挥下个能级的人进行工作的管理办法。行政方法的实质是通过行政组织中的职务和组织职位来进行管理,它主要关注在能级岗位上的职责和职权,对个人的能力和特权不是特别看重。

(二)经济方法

图书馆管理的经济方法是在调节和影响图书馆活动的范围内,在理解和遵守经济规律的前提下,以经济利益为基础,使用经济手段和经济杠杆等方法,如工资、补贴、奖金、罚款、价格、经济合同等，其核心是落实物质利益原则。对图书馆来说，管理者在管理过程中应该明白员工、部门和图书馆的利益是一致的。

（三）法律方法

法律方法可以说成规律原则，这是由国家权力机关以法律的形式将其固定下来的，是用来调整国家、图书馆和个人之间关系的法律准则。在图书馆管理过程中运用法律方法可以最大限度地保障图书馆的秩序和权威性。因此，在执行上可以看出法律方法比行政方法更具权威性和强制性。

第五节　图书馆管理的特点与职能

一、图书馆管理的特点

（一）综合性和前沿性

图书馆管理的综合性体现在人力资源、文献信息资源、财力资源、物质资源等各个层面，并且会随着资源形式的变化而有所改变。

此外，图书馆必须时时关注现代管理理论发展进程中的新理论，并及时应用到现代图书馆管理之中，以提高管理水平。

（二）理论性和科学性

任何一门管理学科都需要理论支持而获得发展，理论性是图书馆管理的一个重要特点。图书馆管理学作为一门科学，必须有针对性地研究管理学的最新成果，吸收新的管理方法，形成图书馆管理学独有的理论体系。

图书馆管理具有科学性。首先，图书馆工作的内在需求需要管理的发展，管理的发展也促进了图书馆工作的进步。其次，图书馆管理是能够应用科学知识的领域。最后，图书馆管理内容可成为新的科学知识体系。

二、图书馆管理的职能

图书馆管理主要有五项职能，即计划、组织、领导、控制和评价。

（一）计划

计划是指对未来的行动或活动以及未来资源的供给与使用的筹划。计划指导一个图书馆系统循序渐进地实现其目标，计划的目的就是使图书馆适应变化中的信息环境,并使图书馆占据更有利的信息环境地位,甚至进入一个完全不同的信息环境。

(二)组织

组织是管理者建立一个工作关系构架,从而使图书馆成员得以共同工作来实现图书馆目标的过程。组织的结果是组织结构的产生,即一种正式的任务系统和汇报关系系统的产生。通过这种系统,管理者能够协调和激励图书馆成员努力实现图书馆的目标。

(三)领导

就领导而言,主要有两重含义:一是领导现象,指人群中存在的追随关系,其本质是影响力;二是领导行为,指群体中的某些成员为了促使领导现象出现或加强而实施的各种行为。

(四)控制

控制是指根据既定目标不断跟踪和修正所采取的行为,使之朝着既定目标方向运作并实现计划的结果或业绩的过程。通过实施控制这一职能,管理人员能够在图书馆偏离目标太远之前就将其引入正确的轨道。

(五)评价

评价是指图书馆管理实施过程结束之后,根据管理的成效,对图书馆管理过程的各项活动进行全面的检查、比较、分析、论证和总结,从中得出规律性的启发,以达到不断提高管理水平、取得更好管理效益、实现管理良性循环的目标的一项管理活动。

第六节 信息时代图书馆管理创新的必要性

所谓的图书馆管理创新,就是图书馆运用新的思想、技术和方法对传统图书馆的管理制度、管理理念及管理方法进行重新审视,对图书馆系统及组织、技术和服务等方面进行重新设计、选择、组织与评价,使图书馆系统得到较大的发展。在图书馆事业的创新发展过程中,管理工作的创新占据着核心地位,是最重要的创新活动之一。

一、管理创新是图书馆发展和进步的根本内驱力

当今世界是一个快速发展的世界，同时也是一个充满激烈竞争的世界。谁能够在社会发展中具有较强的前瞻性，能够快速抓住机遇做出反应，谁就可能在激烈的竞争中获得机会，取得竞争的优势，从而得到较大的发展和进步。图书馆要想在激烈的市场竞争中获得优势，更好地生存和发展，就要顺应时代的发展变化，树立发展意识和创新意识，重新审视传统的管理模式，客观地认清其在应用中所发挥展现出的优势和劣势，进而不断对其进行必要的改革，逐渐建立起一套全新的管理运行机制。图书馆应在管理工作上实施创新，使图书馆事业的发展更具潜力，能够紧跟社会发展趋势，从而能够据此为自身发展做出科学的决策，制定出合理的发展规划，以适应未来读者的需求，为未来的发展和进步奠定坚实的基础。

二、管理创新是当下时代发展的需求

传统的图书馆管理方式并不能很好地适应当前时代背景下人们的精神文化需求。为了更好地服务于人民群众，图书馆必须对管理工作进行一定的改革创新。同时，图书馆管理工作的创新也是当下时代发展的必然产物。

当前是万物互联的时代，当下社会人才济济，社会竞争压力较大，人们只有储存足够的知识，才能较稳定地在市场上立足。因此，在当前特殊的时代背景下，图书馆需要对图书馆管理工作进行一定的创新。

与此同时，信息时代也对图书馆管理工作提出了更高的要求，图书馆必须紧跟当前时代发展的步伐，解决传统图书馆管理工作中存在的一些问题。例如，图书馆可以借助先进的设备以及设施，利用一些优势手段，对图书馆管理工作进行一定程度的创新，以便真正做到与时俱进，优胜劣汰，最大限度地满足人们对阅读的需求。除此之外，图书馆也要满足一些读者的个性化需求，更好地服务人民群众，从而推动图书馆稳定、快速发展。

三、管理创新是提升教学、科研水平的必然进程

当前，图书馆的一个重要组成部分就是高校图书馆，其主要服务人群为高等学校的众多师生，因此此类图书馆多具有教学、科研服务等性质。图书馆可为教育以及实际的科学研究提供巨量的信息资源文献，为促进教育水平及科学水平的提高提供有力的保障。而改变传统的图书馆管理模式，应用数字化现代信息技术，扩大资源覆盖面，能够为学生和研究人员提供更广的信息搜寻领域，把各类分布式信息展现在其眼前。用户对从传统图书馆获得信息资源的依赖程度大幅度降低，

再也不用受地域限制，可随时随地通过网络信息渠道获得想要的资源，且信息传递速度极快，大大提高了信息资源的使用效率。

可以看出，在数字化现代信息技术的支持下，传统图书馆的管理模式已不具备显著优势。因此，图书馆在管理上必须进行改革创新，创新是提升教学、科研水平的必然进程。

四、管理创新是图书馆市场竞争的需要

当下，随着我国社会的快速发展，各行各业几乎都达到了饱和状态，图书馆也不例外。特别是当下信息技术发展迅速，图书馆只有把握时机，具备一定的个性特点，牢牢抓住人民群众的心，才能在市场立足。

对图书馆管理工作进行创新是市场竞争的必然要求，图书馆要想在如今激烈的市场竞争中稳定地发展，就必须有自己的特色，打破图书馆传统的管理方式，真正做到吸引人民群众入馆阅读，尽最大可能满足读者的个性化需求。这就要求工作人员结合当下时代发展特色创新管理方式，对图书馆各项管理工作进行一定的改革与创新，从而真正做到与时俱进。

第二章 信息时代图书馆管理现状

在信息时代背景下，图书馆面临新的变革，这对图书馆的管理模式提出了更高的要求。为此，现探讨图书馆在信息时代下的管理现状，以期为提出更有效的图书馆管理策略奠定基础，更好地为广大用户提供优质的图书服务。本章分为信息时代图书馆面临的主要危机、信息时代图书馆管理取得的成绩、信息时代图书馆管理存在的问题三部分。

第一节 信息时代图书馆面临的主要危机

一、信息安全危机

在全球处于信息时代的今天，信息安全事件的频频发生使人们意识到，当今的网络世界并不安全。据统计，有超过80%以上的安全威胁来自内部网络或个人电脑，包括内部未被授权的文件存取、专利信息的窃取以及内外人员的网络犯罪等。特别是在政府、机关、企业中，由于对内部人员缺少有效的管理方法和严格的权限管理制度，内部人员往往可以通过移动设备或网络传输等方式窃取存储在电脑中的大量数据信息资料，外部人员则通过维修或恶意非法接触电脑，或由黑客入侵植入计算机病毒发送电子文档进行自动窃取等。这些行为所造成的危害小则侵犯个人的隐私，大则危及企业的商业秘密、政府的决策，甚至国家的安全。可以说，我们既享受着互联网带来的便利，同时也处在容易出现信息安全危机的年代。目前图书馆也同样存在信息安全危机，具体表现如下。

（一）软硬件设备与技术不完善

研究发现，部分图书馆所依托的软件产品、硬件设备均有一定的缺陷，这些缺陷容易造成图书馆信息系统出现漏洞，进而使图书馆信息资源处于危险之中。众所周知，当系统出现漏洞后，一些病毒就容易潜入，图书馆的信息资源被破坏、窃取的风险就会变大。另外，我国在这方面的核心技术、软件产品等还不是十分完善，因此，一些图书馆会采购国外进口产品。部分图书馆在使用这些外来进口产品时，未进行检查或改造，而是直接使用，这有可能使图书馆的信息资源暴露在巨大的危险之中。

（二）信息安全管理体系不完善

部分图书馆的信息安全管理能力欠缺，在遇到突发的信息安全事故时无法做出迅速且科学有效的处理，使事故影响不断扩大。图书馆信息安全管理能力欠缺的具体表现为信息安全评估体系不完善、安全管理机制不健全、信息安全事故应急处理方案不完善等。

（三）工作人员缺乏安全意识

部分图书馆的工作人员对信息安全认识不足，缺乏信息安全防护意识，在一定程度上也导致图书馆的信息资源面临安全风险。工作人员信息安全认识不足的具体表现有：不注重对图书馆内计算机硬件设备及信息系统等软件设施进行检测与维护；在平时的工作中对重要信息文件夹不设置访问密码，对图书馆内日常使用的电脑不设置开机登录密码等，没有做到对信息资源的有效保护；部分工作人员会将图书馆的重要信息文件拷贝在自己的U盘中。

二、版权危机

世界知识产权组织（WIPO）将版权（也叫作著作权）定义为用来表述创作者对其文学和艺术作品所享有权利的法律用语。涉及版权的作品有图书、音乐、绘画、雕塑、电影、计算机程序、数据库、广告、地图和技术制图等。《保护文学和艺术作品伯尔尼公约》（以下简称《伯尔尼公约》）中涉及数字环境中对作品及其著作权保护的相关内容。除了《伯尔尼公约》承认的权利之外，著作权人和作品还被授予某些经济权利。

关于"版权"，根据《中华人民共和国著作权法》（以下简称《著作权法》）规定，版权又称为著作权，分为著作人身权和著作财产权，是作者对自己的文字作品、美术作品、电影作品、计算机软件等作品享有的一系列权利，包括人身权利和财产权利，如发表权、署名权、保护作品完整权、复制权、展览权、表演权等权利，财产权利部分是可以转让的，人身权利部分则不得转让。《著作权法》第二章中阐释了版权包括的17项人身权和财产权，其中图书馆所涉及最多的有复制权、信息传播权、汇编权等。

图书馆版权危机是指各种原因所造成的在图书馆领域内版权利益关系失衡而可能给图书馆声誉、形象、服务、管理以及经济利益带来负面效应的非常规事态，是当代图书馆危机的主要类型之一，对和谐图书馆建设有着重要影响。图书馆的版权危机具体表现在以下几方面。

（一）图书馆从业者版权素养方面面临的危机

1. 版权知识方面的整体性不足与结构性短板

目前，我国图书馆从业者在版权知识方面存在整体性不足与结构性短板等问题，在开展版权清理与版权援助等工作时面临挑战。统计结果显示，我国图书馆从业者比较了解"合理使用"与"开放存取"的版权知识，这与我国图书馆版权问题研究主要集中在这两个领域有关。实际上，数字环境下图书馆从业者只有掌握更多层面的法律知识，才能开展新的图书馆业务。例如，随着图书馆数字资源引进过程中著作权合同实质不公平问题的凸显，对信息资源许可相关法律规定的掌握变得更加重要，但我国部分图书馆从业者对相关知识的了解尚显不足。此外，部分图书馆从业者对版权问题及解决方案知识的缺乏，在一定程度上反映出图书馆版权管理能力的不足，凸显出开展版权素养教育的重要性。

2. 版权保护意识的不足

版权保护意识是版权素养的重要组成部分，也是法律意识的体现。图书馆从业者版权保护意识是其关于版权保护的思想、观点、理论和心理的统称，包括图书馆从业者对《著作权法》的本质和作用的看法以及对遵守现行法律要求的态度。调查结果显示，我国图书馆从业者具有较强的版权保护意识，多数受访者认识到图书馆工作遵守版权制度的必要性，这与IFLA所倡导的基本精神是一致的。我国图书馆从业者应认识到图书馆版权环境的改善应该从完善图书馆版权限制与例外制度入手，认识到WIPO框架下达成针对阅读障碍人士特殊便利条款的价值，意识到行业合作对改善图书馆外部环境的价值。我国图书馆从业者在版权保护意识上的不足，主要体现在对国际图书馆组织版权倡议及版权战略具体内容的了解不够。

（二）图书馆数字资源建设方面面临的版权风险

信息技术的不断发展使得信息的传播和使用方式发生了巨大的改变，图书馆积极地寻求革新，致力于更好地服务用户，开展全方位的数字资源建设及服务工作。然而在这一过程中，无论是建立机构数据库、数字化地利用纸质资源、购买数字资源，还是在馆际互借或引进第三方数据库的过程中，都有因图书馆自身行为或者因第三方侵权而承担连带责任的现象出现。因此，图书馆在进行数字资源建设的过程中可能面临版权风险，具体来讲，可以从以下方面入手阐述图书馆在数字资源建设过程中可能面临的版权风险。

1. 本身行为可能造成的版权风险

（1）因未取得授权许可产生版权风险

目前，为了满足用户的教学和科研等方面的信息需求，许多图书馆会建立机构数据库。根据《著作权法》规定，汇编人对能够体现独创性的作品享有著作权且不得侵犯原作品的著作权。因此，图书馆建立机构数据库时应当注意体现独创性，合理地进行编排。图书馆在收集整理原创作品时应当取得著作权人的授权许可。图书馆在对资源进行复制、加工、传播利用的过程中，应当严格按照合理使用制度对使用方式和范围进行规定并始终遵循这一原则，规避版权风险，避免产生版权纠纷。

近些年，图书馆因未取得法定许可而被起诉的案例时有发生。例如，谷歌数字图书馆侵权案中因未取得法定许可造成了对版权的侵犯。还有一些案例是由于高校图书馆因未取得教职工或学生的授权许可就将作品上传或授权给其他数据库商而被起诉。图书馆在进行数字资源建设时，应当遵守法定许可制度或者取得著作权人的授权许可。但是，由于一些图书馆工作人员版权保护意识不强，可能在取得授权许可时有所疏忽，从而使图书馆面临版权风险。另外，取得授权许可应当保证得到著作权人的明确回应，并对双方的权利义务进行明确协商，以免出现版权纠纷。

（2）因没有履行合理注意的义务而面临版权风险

根据《信息网络传播权保护条例》相关规定，图书馆在进行数字资源建设时应当遵循合法出版原则，这就意味着图书馆在引进数据库或数字资源时应当考察提供资源方是否具备合格资质，并且要求对方的权利真实合法。引进数据库资源是图书馆进行数字资源建设的重要途径，网络环境下数字资源数量庞大，图书馆无法对引进数据库内的数字资源进行逐一鉴定，数据库商是否全部合法取得版权也无法确保。在这种情况下要求图书馆履行合理注意义务具有一定困难，因此一旦出现数据库中收录侵权作品的情况，不但会影响用户对数据库的使用，图书馆甚至会面临版权纠纷。

2. 第三方行为可能造成的版权风险

图书馆所遵循的开放存取原则意味着图书馆会为用户免费提供信息资源，在信息时代，数字信息资源传播方式更为方便，且极易被复制，这使得各类科研成果被侵权的风险增加。另外，目前图书馆在进行数字资源建设时采用的集团采购模式，虽然可以减少图书馆经费支出并获取所需的数字资源，但是在这个过程中，也可能面临版权风险。图书馆可能因第三方的侵权行为而面临的版权风险主要存在于以下几种情形中。

（1）对数字资源的使用超出合理使用范围

读者对数字资源的使用超出合理使用范围，如非法复制传播、超出规定下载量等，使得图书馆可能承担连带责任。虽然图书馆不一定需要承担赔偿责任，但是需要通过对涉及侵权的内容进行删除、停止使用等措施来保护著作权人利益。同时，当作者发现被侵权并提起诉讼时，图书馆即使不需要承担经济赔偿，图书馆形象也会在一定程度上受到影响。

（2）因集团采购中含有侵权作品产生版权纠纷并承担连带责任

虽然图书馆应当在购买数字资源时履行合理注意义务，但是由于在网络环境下，数字资源的数量庞大，图书馆无法对数据库中的数字作品进行一一审查，无法确保该数据库中是否包含侵权作品。

（3）合同风险

图书馆在与数据库商进行协商的过程中，应当在授权用户范围、使用方式、技术限制等方面进行明确的约定。如果工作人员在与第三方数据库商签订合同时，相关的条款界定不清晰，则可能会产生分歧，进而产生版权纠纷。

三、服务危机

图书馆服务危机是指在特定的环境下，某些因素对图书馆服务造成不利影响，扭曲图书馆服务理念，阻碍图书馆实现自身功能的正常发挥，具体表现如下。

（一）图书馆服务供给不健全

1.基础设施均等化有待完善

党的十九大报告明确指出："中国特色社会主义进入新时代，我国社会主要矛盾已经转化为人民日益增长的美好生活需要和不平衡不充分的发展之间的矛盾。"新的发展时期，我国高度重视人民群众的精神文化需求。而图书馆服务肩负着这一重要使命，其服务供给内容的质量不仅直接影响着图书馆整体服务水平，也影响着广大人民群众的精神文化需求的满足。

这里对于图书馆服务的供给主要从投入、产出两个维度加以讨论。在资源投入中，文献资源与硬件资源又可以基本概括为图书馆的基础设施，包含的指标包括人均总藏量、人均年新购纸质藏书量、人均馆藏电子图书、每万人图书馆机构数和每万人阅览室座席数等。相关数据显示，我国图书馆在文献资源供给上，除了人均馆藏电子图书均等化水平取得了较大提升，人均总藏量、人均年新购纸质藏书量近年来的变化幅度都不大，均等化程度有待提高。

在硬件资源供给方面，图书馆的数量分布一定程度上反映了图书馆服务供给的覆盖范围和建设水平。其数量上公平才能确保每个人平等享有图书馆服务供给的机会。调查结果表明，各个地区间的均等化差异较大。此外，我国各图书馆的地理空间分布显示，中心城市与偏远县城之间分布密度存在较大差异，图书馆的分布向城市中心靠拢。图书馆的这种分布特点，事实上增加了相对弱势群体行使其阅读权利的成本，有碍于我国图书馆服务供给建设以及社会公平和谐的构建。

2. 人才队伍建设不足

人才是一个地区经济、文化以及社会建设的重要力量，直接影响着一个地区或一个领域的发展，包括发展水平的高低和发展速度的快慢。对图书馆建设而言，人才因素也是其重要的一环，其基础设施的建设、后期发展以及管理都需要人才来运作。其从业人员的素质一定意义上影响着图书馆服务的整体水平和质量，也正因如此，图书馆的人才队伍建设也是影响图书馆服务供给水平的重要因素。

总体来讲，我国图书馆从业人员的数量偏少。随着经济水平的提高，人们的文化需求也越来越明显，笔者在搜集资料的过程中发现，我国图书馆服务从总体上来讲水平在不断提高。图书馆纸质藏书量、电子图书藏量以及计算机设备等都不断增加，但图书馆的从业人员数变化不大。由于图书馆基数大，则新增的从业人员更显微弱。可以看出在我国图书馆的服务供给中，人才队伍建设还存在不完善的现象，人才相对匮乏。

3. 服务产出结果失衡

满足读者群众的文化需求是图书馆提供各类服务的目标所在。从文献资源利用和空间与人力资源利用的均衡情况来看，我国图书馆服务产出整体呈现失衡状态。均等化是图书馆服务供给的内在要求，而均等化也必须考虑实际效率的现实因素，即图书馆服务供给能否有效对接读者需求，若均等的图书馆服务供给不能满足群众的实际需求，则只需停留在低水平的均等阶段。只有准确定位公众文化需求，高效率地提供具有针对性的服务内容，才能不断提升图书馆的均等化程度，将图书馆低水平的均等化不断提升发展为高水平的均等化。

（二）图书馆智慧服务建设不完善

1. 服务创新不足，个性化服务有待提高

智慧服务不仅仅局限于为读者提供一个适宜的实体环境，还应满足读者各种各样的高级需求。笔者通过调研发现，大多数图书馆目前主要的服务模式还是传统的服务模式。尽管同试点单位和示范项目一样购入了部分新兴智能设备，但往往使用率较低，由于部分机器设备无法自主地运行，都需要不同程度的人力投入，看似智慧的机器可能需要比传统的服务投入更多的人力来调试机器。同时，一些图书馆对大数据、物联网等新兴领域的开发和使用较少，实践方式较少，创新水平不高，对用户的吸引力较低等问题均会对其发展造成不良的影响。

就个性化服务而言，一些图书馆在网页和移动端提供了较为基础的个性化服务，页面设置较为传统，服务功能较为普遍，但更深层次的个性化智慧服务尚未付诸实践，如缺少对用户数据的主动挖掘、无法构建数据分析模型、缺少用户画像等。此外，较为常见的人脸识别借阅和人脸识别门禁设备，大多数图书馆也尚未配备。人脸识别门禁设备能够对用户在图书馆的停留时间进行记录，并对其相关身份信息加以确定，可以根据用户的借阅记录分析其感兴趣的书籍类别。但是该设备也存在一定缺憾，如无法对用户在图书馆内的详细行为轨迹和阅读情况进行监督和记录，从而没有办法确定用户浏览记录、偏好以及高频使用时间段等方面的信息，进而对其行为偏好的推断产生一定阻碍，无法切实有效地提供个性化服务，也就无法有效地实现情境感知服务。

2. 馆员缺乏智慧服务专业能力

随着图书馆不断利用各种新兴技术进行智慧服务、开展建设工作，传统图书馆馆员数量明显减少，逐渐引导其工作内容向智慧服务、技术维护以及技术应用方面发展，因此对图书馆馆员有着更加严格的要求，其需要根据用户的实际需求进行及时的反馈。所以，图书馆应基于图书馆实际业务需求逐步培养图书馆馆员，使之成为拥有较高专业技术能力的新时代馆员。

但对当前我国图书馆馆员知识储备量以及技术能力进行分析，能够看出其对智慧服务方面的认识与了解较少，大部分是通过有关学术论文或相关案例了解到的，因此其基本技能也存在较大提升空间，尚且无法满足当前智慧服务需求。许多馆员通过自主学习的方式进行相关专业技能的学习和锻炼，或通过图书馆举办的业务培训提升自己的综合能力，然而目前我国图书馆举办的培训中，有关智慧

服务的方面相对较少，因此对部分图书馆馆员当前的工作能力进行分析后，能够看出其想要达到智慧馆员的要求，还需要进行一定的努力。

此外，部分图书馆馆员喜欢被动地等待用户向自己寻求帮助，而不能主动采集、整合以及挖掘用户的数据，不能主动为用户提供推荐服务。另外，现阶段的一部分图书馆并没有针对图书馆馆员的考核和奖励制度，部分馆员会觉得自己干得好与不好、工作态度端不端正，不会对薪酬造成任何影响，从而会失去对工作的激情以及创造性，而依赖图书馆的系统对读者进行服务，会导致智慧推荐业务单一，服务内容不丰富且缺少针对性。由此可见，优化人才培养战略意义重大。

3. 重应用轻开发

从图书馆提供的智慧服务来看，很多图书馆在推进智慧服务的发展过程中，过多地关注技术方面，对于开发方面则关注较少，如一些图书馆主要是借助外包手段进行智慧创新服务发展的，这使得其开发力度较低。尽管其当前所用的图书馆集成管理系统各有优势，都实现了基本的智慧检索服务，但是在自主研发图书馆管理系统方面还是空白的，均是购买市场上较为常见的集成管理系统，在对信息检索系统的开发方面缺乏积极性、创新性。

在对当前图书馆集成管理系统情况进行研究后，能够看出由于其开发商具有较多的话语权，使得图书馆很难对其开发设计提出相应的建议或让开发商根据自身需求和建议进行系统开发，这导致很多图书馆的检索详情页功能大致相同。此外，很多图书馆对集成管理系统的依赖程度较高，这使得其在系统的二次开发和自定义设置方面缺少创作动力，所以图书馆集成管理系统在为图书馆带来便利的同时，也在一定程度上阻碍了图书馆个性化服务的发展。

4. 资源应用与推广成效较低

在图书馆进行智慧服务发展时，应以用户群体的实际需求为重心，力求用户可以最大限度地享受图书馆服务带来的便捷。目前，图书馆建设已经取得了一定的成效，且服务的覆盖范围变得更加广泛，但笔者在实际的调研中发现，部分图书馆的资源应用与推广成效较低。

纸质资源和电子资源是目前图书馆信息资源的两种形式，在大数据时代，图书馆服务的重心逐渐从传统的纸质资源服务向电子资源服务倾斜，图书馆数字资源的购买量逐年增长。新形势背景下，部分图书馆的入馆人次大幅度减少，纸质资源的利用率更是呈负增长的趋势。在此背景下，电子资源的推广和应用就显得尤为重要。从推广成效来说，目前一些图书馆的宣传普及工作仍以阅读推广活动为主，宣传力度欠佳，宣传的途径也较为单一，大多是通过微信公众号和官方网站，这一行为看似具有可靠性，实则在无形间损失了部分潜在用户。微信公众号的传播范围较小，往往只有已经关注公众号的用户可以收到消息的推送，而微博、抖音等新兴媒体平台能够把消息推送给更多的潜在用户，在平台独特的运算和推送规则下，更易收获大量的粉丝。图书馆应该合理地利用各类新兴平台，结合时事和社会热点，创新宣传方式，从而提升活动的宣传效果，吸引更多的用户参加活动、了解资源，从而提升图书馆在社会的文化影响力。

与此同时，在这种态势下也产生了一个不可避免的问题，即如何在纸质资源和电子资源中权衡，从而实现高效地分配资源。如果对数据库资源的推广力度相对较小，将对用户对文献信息资源的使用产生一定的影响。而如果过度减少对纸质资源的采购，又容易导致用户缺乏体验感。如果过度采办资源，则不但会导致资源的浪费，还会使读者面对许多冗杂无用的资源，从而影响读者对资源的检索。所以，如何有效地平衡纸质资源和电子资源的储备，也是一个值得探讨的问题。

第二节　信息时代图书馆管理取得的成绩

一、信息获取渠道呈现多元化趋势

随着信息时代的到来，信息数据如火山般喷发，越来越多的信息通过网络技术大量传播。而在这种环境下，图书馆将面临巨大机遇，如图书馆的文献数据量得到丰富，信息资源的获取渠道更加多元化，信息获取更加迅速便捷，因此图书馆的信息量出现了倍增现象，这对图书馆的发展而言是有利的。

二、文献资料载体呈现多元化趋势

在信息时代，借阅图书和查询信息的方式发生了很大变化，读者可以通过各种途径查询信息。传统的图书馆馆藏文献资料主要以纸张为载体，这种形式有利也有弊，虽然资料数量有限，却可以切实提高读者的阅读能力；但是，随着使用次数的增多，纸质类资料会出现损坏的情况。随着信息技术的发展，电子文献的出现大大压缩了纸质资料的使用空间，电子资源无论是在数量上还是在载体上，都要远远优于传统的纸质资料。通过利用信息技术，读者可以在网上快速完成信息查询，既享受了便捷的信息服务，也极大地提高了图书馆的管理和服务质量。

三、图书馆管理手段实现创新发展

图书馆是文献存储、整理和传递的重要机构,传统图书馆文献收集更加依赖人力,并且会对收集到的文献进行标记和排序。信息技术在图书馆管理过程中的应用创新了收集方式,实现了图书馆的动态化、信息化管理。信息技术手段取代了传统的人工收集文献手段,提高了文献收集的准确性,使得消耗的劳动时间和劳动资源更少。一般来说,统计和管理是计算机应用的特有功能,能够实现对读者借阅书籍情况的统计,并且实现了对工作中每一个程序的全方位管理。利用传统人力资源对书籍借阅情况进行统计的出错率较高,尤其是对于读者借阅后的书籍不能进行及时的登记和保存,而信息技术的应用有效改善了这一不足之处。不仅如此,工作人员的职责也发生了一定的改变。工作人员的职责已经由书籍处理和完善转变为对图书馆管理模式的监控和完善,促进图书馆管理水平提升,确保图书馆管理模式能够更加良好地服务于工作人员和读者。通过计算机,工作人员能够对图书馆稀缺书籍进行统计,从而进行一系列的采购,满足读者的需求。

第三节 信息时代图书馆管理存在的问题

一、图书馆管理存在的问题分析

通过分析当前图书馆在资源建设管理、流通管理和用户服务管理三个方面存在的主要问题,为图书馆管理效率的提升以及管理模式的优化提供调研基础。

(一)图书馆资源建设管理方面存在的问题

1. 图书馆资源建设管理流程等待周期长

其一,从图书馆资源的采集周期来说,部分图书馆的采购效率较低。图书馆的采购制度会造成采购周期和文献上架的冲突。图书馆信息资源采集人员需要耗费大量的时间、精力才能完成图书和电子资源的遴选,加之运输距离的不确定更延长了采购流程周期。采购人员的职业素质也会影响他对采集过程中的文献质量的判断。根据对部分图书馆采购过程的调查,可以发现采购一定批量的文献信息资源需要耗费20天左右,其中流程真正有效的部分不算太多,说明整个流程周期还能进一步缩短。

其二，图书馆资源的整理管理工作有很大的改进空间。部分图书馆仍在使用传统的编目方式，尤其是当图书馆购置大批量的文献到馆时，对工作人员的时间、精力要求极高。当前图书馆针对信息资源整合的管理往往会采用外包的形式和新技术，但整合流程工作量大，导致馆员无法学习和了解前沿的技术和专业知识来改进管理工作。

其三，图书馆资源建设管理流程存在效率问题。部分图书馆的整合过程缺乏具体的管理规程，文献信息资源采购和整理的过程是简单随意的，这必然导致资源建设的效率问题。如在图书馆规范图书的上架行为时，上架图书的行为缺乏规范往往会导致图书上架的效率低。图书馆的公共服务应该遵循的是围绕读者需求，善于利用现代技术手段，学习借鉴其他图书馆流程优化的经验并结合自身的发展特点和发展现状，以便为读者提供具有时效性的知识服务。如当前越来越多的图书馆引入RFID技术和自助借还机，以此来优化文献信息资源整合流程，将馆员从繁重的整合过程中解放出来，给予馆员更多的学习机会，最终体现在信息服务的输出质量上。

2. 图书馆资源建设管理流程连续性不强

部分图书馆资源建设的节点过多，影响了资源建设管理的质量，具体表现为：首先，针对不同类型的文献信息资源的采购计划是由不同的管理部门实施的，如纸质图书资源和电子资源采购管理由不同部门完成；其次，流程审核环节过多，采购清单的初审由学科专家、采访主任完成，复审由审核小组完成，终审由馆长办公室完成；再次，图书馆资源建设管理和图书馆用户服务管理衔接得不是很好，大多数图书馆是按照职能划分部门的，长期以来形成的部门壁垒影响了资源建设管理和用户管理管理活动的连续性，用户服务管理流程需要多部门的协同才能发挥出服务效益，但受部门壁垒影响造成了管理过程的间断；最后，图书馆资源建设管理中，文献信息资源采集和资源整合本来是连续的流程，但在实际工作中被划分为几个具体的职能部门，在资源采集过程中未进行初级的信息资源分类和加工，这导致资源整合流程中仍然要对同类的信息资源进行再整合工作，造成不必要的浪费。图书馆整合流程和读物流程衔接不连续，一些图书馆在整合不同类型的文献资源时没有考虑到后续的用户服务，如部分纸质图书、期刊没有进行数字化转换，导致在用户服务流程中无法提供一站式服务。同时，图书馆在资源整合环节没有从读者需求的角度出发思考资源整合，如技术部、采编部、用户部门进行横向沟通，为用户群体搭建更加有效的信息服务平台。

3.图书馆资源建设管理流程缺乏横向沟通

具体来讲,可以从机构设置和部门职责的角度来看管理流程。从组织机构来看,部分图书馆存在部门职权责任划分不清的问题,整个采编部门承担着资源建设工作的主体责任,部门涉及的管理事项众多,这不利于图书馆的建设发展。部分图书馆的采集部门之间缺乏横向沟通,各部门之间由于采用的依旧是传统的直线职能制组织结构,各部门之间的交流存在壁垒,没有很好的信息沟通渠道。对同类型的文献信息资源出现重复购置的情况,由此还会产生不必要的人力、财力支出。在传统的"以文献为中心"分工模式的影响下,图书馆资源建设部门分工过于固化,馆员长期处于单一职能的管理部门中,习惯固定化的工作内容,工作能力会逐渐下降并丧失对新技能的学习欲望,同时受部门壁垒的影响,部门间缺乏必要的信息沟通,从而影响了图书馆资源建设的连续性。长期处于这样的工作环境下,也会导致部门馆员只重视部门利益,忽视图书馆资源建设管理的整体效益。

从文献信息资源建设的质量来看,首先,图书馆馆员中有着图书情报专业背景的人员占比达40%以上,其他馆员学科背景多为文科专业、理工专业和外语专业,因此图书馆资源建设队伍存在着职业素养不足的问题。在实施资源建设计划时,采购人员容易因自身专业限制导致文献资源采购质量不佳,且图书馆内缺乏对采购馆员规范化的工作要求,如利用规范化的采购馆员培训制度来增强采购馆员对采购工作的认识,采购工作的综合性决定了其对采购馆员的高职业素养要求。采购的文献信息资源受采购馆员的主观认识影响较大,这就容易导致最终采购的文献信息资源难以满足读者的需求。与此同时,在图书馆评估体系的规范化文件中明确规定了人均图书量,在一定时期内馆内的信息资源建设偏重于数量。部分图书馆缺乏预算监督和自查的规范性制度,这也导致了在图书馆资源建设管理过程中难以实现对经费的有效管理。其次,一些图书馆虽进行过组织机构改革,但图书馆秉承的仍然是传统的"以事为中心"的管理理念。部门馆员受传统管理理念的影响,在开展资源建设管理工作时仍没有树立"以读者为中心"的理念,如图书馆的采购计划清单是以学科带头人和采购馆员为主进行决策的,没有深入读者的生活和工作发掘读者需求,同时也未与其他管理部门进行规范化的信息沟通,以此来获取读者需求。采购馆员需要准确把握最前沿的文献资讯和读者需求,但在部分图书馆的采购工作规范中没有明确的规范条例涉及定期的需求记录、绩效管理,如采编部、读者服务部未能保持密切联系,往往一句话带过需求调查。

（二）图书馆流通管理方面存在的问题

随着当下社会经济的快速发展，"互联网+"在图书馆管理当中的应用极大地改变了图书馆流通管理系统。各地纷纷建立起自己的图书馆管理平台，而平台在运行过程中出现的问题以及图书馆流通管理当中固有的一系列问题，迫使我们对图书馆流通管理过程中所出现的问题进行梳理，并进行详细阐述。

第一，图书馆流通管理中存在固有问题。图书馆流通管理工作的全过程涉及的群体众多，服务量也很大。因此，图书馆在进行流通管理的过程中会面临较大难题，如图书馆的流通管理与读者的需求之间存在分歧。部分图书馆的馆藏较少，甚至长年没有对书籍进行保存和更新，使得绝大多数书籍出现损坏或老旧的问题。另外，图书馆的书籍更新速度无法满足读者的需求，导致图书馆的发展受到了严重的影响。

在信息时代，互联网信息平台的出现有效地促进了图书馆的流通管理，但与此同时，在此类信息平台运行的过程中，也出现了一些对图书管理流通不利的因素。最普遍的情况就是读者借阅书籍与归还书籍的信息记录不完整，或者记录情况与实际情况不相符，导致读者无法二次借阅书籍，严重影响了读者在图书馆内的图书借阅活动。

第二，自动化管理力度较弱。网络信息技术对图书馆的图书流通管理具有重要意义，目前，图书自动检索系统设备在大型书店（如新华书店）的利用率较高，而多数图书馆仍采用柜台人工查询的方式进行图书管理，效率较低，不利于工作的快速开展。

（三）图书馆用户服务管理方面存在的问题

图书馆用户服务管理是图书馆管理活动的核心，图书馆一切的管理活动都是为了更好地服务于读者。在图书馆用户服务管理过程中，图书馆服务内容和读者的个性化需求不匹配、服务效率低、服务方式落后等问题频发，这些都影响了读者满意度，降低了图书馆的管理和服务质量。

1. 图书馆用户服务管理流程连续性不强

从流程的连续性来看，部分图书馆用户服务管理没有与资源建设管理形成连续的流程。一些图书馆资源建设管理工作缺乏完善的规章制度，管理活动不具备规范性，导致其管理活动没有将用户服务考虑进去，只是忙于自己部门的工作。如前期采集过程对文献信息资源的采集分类不到位，增加了文献信息资源整合环节的工作量，整合环节没有按照具体的规范流程完成资源的整合，导致用户服务环节资源检索和查找的难度增加。

从组织结构和部门设置来看用户服务管理流程，可以发现一些图书馆管理部门在部门整合过程中调整了岗位设置，但依然没有消除部门横向沟通的障碍，如读者对同一学科的信息资源获取数据仍然需要通过读者服务部、技术部和信息咨询部才能完成收集。

2. 图书馆用户服务管理流程效率有待提高

从用户服务管理流程中的读者成本来看，读者要想获取相应的用户服务，需要先找到相应的管理部门去寻求帮助，或是将时间耗费在对图书馆信息资源的自主查找和检索上，这些流程都增加了读者的时间成本。图书馆的用户服务管理没有围绕"以读者为中心"的管理理念开展管理工作，整个管理过程中管理人员仍然采取的是被动型的管理模式，没有从读者便利的角度积极主动地减少读者的时间成本。

从用户信息服务的效率来看，图书馆服务的内容主要包括文献检索和传递、科技查新类型的参考咨询服务和与之对应的培训活动等。部分图书馆虽然引进了一些现代信息设备，但未对图书馆的管理和服务工作起到有效的促进作用，文献传递过程中存在文献信息更新不及时和文献借阅等待时间长的问题；部分图书馆平台信息咨询服务回复不及时；读者获取信息服务的途径多样化，读者能够利用手机、电脑、平板等移动设备高效快捷地获取图书馆服务，这也要求图书馆更好地利用新的管理技术和方法把握读者需求，提供更优质的读者服务。此外，部分图书馆缺乏相应的读者满意度管理和读者投诉管理，馆内仅设置了读者意见箱收集读者投诉信息，且针对读者投诉的后续处理信息并未公开展示，无法使读者监督改进工作。读者满意度和读者投诉管理工作的不透明也会影响整个图书馆的绩效管理工作，无法起到改善图书馆管理工作的作用。

3. 图书馆用户服务管理流程具有封闭性

用户服务管理流程具有封闭性，并且缺乏对读者需求的准确把握。图书馆管理体制是其管理流程改革发展的源动力，可以说管理流程受其影响颇深。管理流程的运作离不开配套的组织结构，部分图书馆依旧保持着原有的直线职能制组织结构管理模式。在这种组织结构管理模式下，图书馆的管理工作依旧是围绕文献展开的。图书馆的管理和服务本来应该是紧紧围绕读者需求展开的，但是当前实际的管理流程并没有围绕读者需求来采集、整理和提供文献信息资源，对于读者需求数据的采集和管理也缺乏灵活性。图书馆往往需要花费较多的时间在读者需求数据的采集上，采集到的需求数据往往失去了时效性。读者需求具有多样性和层次性，通过传统的需求调研方式往往难以准确地把握读者需求，从而导致图书馆提供的信息服务无法满足读者需求。

一些图书馆虽然已经对现有机构进行了重组优化，但是现有的职能部门依旧是依据业务流程设置的。图书馆要想获取和分析准确的读者需求，现有的职能部门需要深入具体的科研和教学过程。而且在岗位职责设置上，现有的职能部门往往承担着读者和学科需求调研的职责，这种形势下的需求调研过于分散，难以获得准确的需求报告。

二、图书馆管理存在问题的成因分析

（一）图书馆管理模式落后

现如今，文献资料已经实现了通过移动设备而进行的线上阅读形式，极大地提升了文献阅读的便捷性，也能够为读者提供更加丰富的信息内容，而相对应地，传统的图书馆管理模式已经逐渐无法满足读者的阅读需求以及图书馆的发展需求。

从图书馆的硬件设备的角度来看，部分图书馆由于经济原因或者其他原因而没有及时更新硬件设备，且相关的管理技术较为落后，这就会使得图书馆管理工作经常出现问题。例如，在数字平台中的文献内容与实际文献信息不相符，使得相关数字化目录的生产以及编排等操作都会因此而出现失误，进而导致读者的阅读体验大打折扣。

（二）图书馆管理理念缺乏创新

图书馆陈旧的办馆思想影响了图书馆的发展规划和功能定位，从而使图书馆形成简单重复型、非主动式的服务模式，在管理流程上又表现为对事务的重视。一些图书馆在信息资源采集管理上和读者的沟通交流较少，忽视了读者的需求，没有树立以人为本的管理理念，导致图书馆采集的资源不符合读者需求，提供的服务依旧是较为简单的信息服务，不能提供复合型、复杂化、非浅层化的新型参考咨询服务用于匹配用户偏好。

这种传统的管理理念适用于特定的历史环境，但当前图书馆面对的是开放度极高、信息化程度极深的管理内外部环境，图书馆的管理功能、管理方式、管理模式都必须做出调整，理念是图书馆管理流程优化的基础。一般来讲，图书馆的管理理念会影响和主导人的行为。人力资源作为决定图书馆管理质量和效率的决定性因素，加之人受环境的影响极大，如果不在馆内创新管理理念，摒弃旧的管理理念，营造良好的图书馆管理环境和氛围，则很难发挥环境对人的潜移默化的影响力，从而推动图书馆管理效率的提升。

（三）图书馆人力资源建设管理不足

影响图书馆整个管理流程连续性的关键因素之一就是图书馆馆员队伍的素质问题，馆员的职业素养决定了图书馆资源建设管理、流通管理和用户服务管理的质量和效率。一方面，严格的馆内制度环境下，馆员在繁重的工作任务中很难有机会展示个人潜质和获得学习机会，机械化的流程性工作只会让馆员的服务意识变得淡薄，找不到个人价值的实现点；另一方面，在资源建设管理环节，馆员很难获得和读者沟通交流的机会，只是单纯地按照工作流程推进服务，馆员很难形成"以读者为中心"的管理理念。

1. 在图书馆管理中缺乏人本管理理念

部分图书馆在前期规划上存在一些突出问题，如编制匮乏、缺乏长期人才培养规划。深究这些问题背后的原因，我们可以得出这是缺乏完善的人力资源建设管理机制所造成的。观察其馆内现有的管理理念，图书馆管理体制下重视的是"以物为中心"，并未重视馆内"人力"在馆内管理过程的作用，忽视人力资源正是当前图书馆管理问题的症结所在。在这种管理环境下，图书馆人力资源的管理处于相对弱势和非主动式地位，个人的潜能不受重视，管理者和馆员的潜能、积极性和主动性不能被有效调动，导致图书馆不能有效地发挥出管理的最大效能，整个管理过程呈现出一种消极的态势。图书馆在传统的人事管理制度下没有人员招聘和人员引进的自主权。

按照人事管理制度，图书馆需要通过上级人事部才能获得选聘的名额，在这种用人机制的影响下，图书馆很难吸引和留住人才。图书馆缺乏一个科学合理的"人才引进"与"流出"的机制，尤其是当前现代化图书馆建设对复合型人才需求强烈，图书馆迫切需要拥有这样健全的用人机制，这样可以降低馆内控制人才外流的难度，从而为吸引和留住优质馆员营造良好的社会环境。同时，在灵活的用人机制的影响下，图书馆也可以充分利用管理机制优势通过岗位调整调动，激发馆员和管理者的优秀的个人特质。

2. 图书馆缺乏科学合理的人才激励机制

在图书馆现有的管理体制下，在层级鲜明的管理结构中，馆员个人的积极性和潜力被压制，加之图书馆编制工作的特性和馆员社会声望不高，图书馆馆员很容易将自己定位到图书管理员的身份中，服务意识淡薄。部分图书馆缺乏人才激励机制，管理者没有通过激励手段调动馆员的积极性和主动性，从而满足馆员的物质和心理需求。在管理活动中，图书馆如果能建立科学的人才激励机制，就能激发图书馆人力资源对管理活动的积极性，提高图书馆管理活动的质量和效率。

3. 图书馆缺少人性化教育机制

虽然大多数图书馆内的工作人员都是思维比较成熟的成年人，但近几年，部分工作人员出现了心理健康水平下降的问题。具体表现在，部分工作人员对本职工作产生了厌烦情绪。根本原因是，他们认为图书馆工作缺乏创新，自己的能力优势在日常工作中无法体现，并且自己在工作中很难得到上级的肯定，个人价值无法被认可。还有一些员工，因为自己的工作能力始终无法提升，在日常工作中屡屡出错却无法解决，出现了焦虑和抑郁的初期症状。工作人员的心理健康质量不仅会影响到工作质量，更会对工作人员的身心健康产生直接影响。而出现这类问题的根本原因，就是图书馆领导对员工的个人需要和价值实现缺乏重视，且图书馆内人才培训缺少人性化的教育过程，未能为员工提供一个完整科学的上升空间。

4. 图书馆缺乏科学完善的绩效考核体系

绩效考核是提高图书馆管理质量和效率的优选方式，能整合图书馆人力资源，更好地完成组织管理的目标。首先，部分图书馆缺乏健全的用户评价系统，馆内只有意见箱一种用户评价途径，难以获取较为真实的用户反馈以改正自身的工作，并且图书馆对用户反馈的处理也未做到透明化。因为缺乏有效的用户评价机制，对馆员的考核只能通过平时的绩效考核来完成。部分图书馆未设置专门的绩效考评部门，对馆员进行考评时也未实现360度全面考试，依据的是定期的自我评估、检查领导小组和考评小组评估，考评结果受考评主体的主观影响较大，这导致考评结果缺乏客观性。一些图书馆的馆员和考评主体缺乏正确的考评观念，一方面，绩效考评的结果和奖金、评先进相挂钩；另一方面，绩效考评中的职称、学历、工作年限都不是短期内能变动的，而绩效考评的表现是可以调整的，不少馆员在考评期间表现良好，在平时却是懒散的，导致绩效考核流于形式。考评小组为了不中伤馆员，在考评过程中往往保持中立不批评的态度，这使得绩效考评结果无法发挥预期的作用，馆员无法及时改进自身问题，反而降低了工作效率。

图书馆的服务工作随文献资源结构多元化、服务内容多样化不断得到延伸，加之现代信息技术的飞速发展，图书馆管理者和馆员必须提升自身的专业技能才能适应现代化管理需求。

（四）图书馆管理机制有待改善

新的社会环境下，传统的管理体制和时代脱节的问题一直是图书馆管理中的大问题。图书馆的发展定位一直是相应区域内重要的文献信息中心和文化中心，也是重要的学术型机构，这说明图书馆在地区发展中的地位和作用一直是较为准确的。因此，图书馆体制的问题一般是出在图书馆的内部体制上，也就是说，图书馆现有的机构设置、权责和分工方面存在问题。图书馆要想实现管理的效益最大化，就得调整当前图书馆的机构设置、权责和分工。

部分图书馆现行的组织结构依旧是围绕流程来设置的，也就是职能部门化，这种过于细分的职能部门可能出现服务的盲区，增加读者的时间成本，降低服务的效率。例如，读者在寻找同一学科的资料时，往往要跑遍采编、读者服务和信息咨询部门才能完成数据的收集，机构的细化打断了管理的连续性；同时，职能划分明确导致部门间容易出现横向沟通和协作方面的问题，图书馆要想完成某一任务，需要调动相关职能部门协作完成，在现有的组织结构下很难有效地完成管理任务。

图书馆的管理不是一个间断的过程，按照现有的机构设置，部门被划分为单个间断的流程，且在每个单个流程中缺乏监管机制，既不利于流程效率的提升，也不利于馆员个体潜力和能力的发挥。这都是因为图书馆在部门设置和权责划分方面存在问题，管理流程的连续性也要求图书馆注重加强横向部门的沟通协作，保证管理流程的连续性和效率性。

（五）图书馆缺乏科学完善的管理制度

图书馆管理理念陈旧、人才管理滞后、组织机构设置不合理等问题的显现都是因为图书馆缺乏科学完善的制度保障。

首先，1987年图书馆就被赋予了机构设置自主权，但在这个过程中缺乏设置标准，导致图书馆内部的权责划分、分工协作都是由图书馆自主决定的，其主观性、盲目性较强，从而导致制度缺失下形成低效率的图书馆机构设置和权责划分关系。

其次，当前图书馆在既定体制管理下存在管理机制欠缺问题，图书馆针对现存的问题如人力资源建设管理机制不健全的问题加以修正，必然涉及人才引进到输出环节的管理机制的健全，如竞争和激励机制是为了调动和发挥人才的潜质。若没有制度作为保障，这些机制在运行过程中很难实现有效的运转。

再次，馆内制度人性化不足。图书馆想要实现管理体制和机制的有效运转，核心还是人。人才是图书馆管理工作的灵魂，但当前图书馆缺乏完善的工作制度和分配制度去保障管理者和普通馆员能力和潜力的发挥，可以说图书馆缺乏一种"以人为中心"的管理制度。

最后，图书馆组织结构的有效运转离不开对部门设置、管理运行和部门间权利划分的制度性保障。图书馆服务是整个图书馆组织结构的核心职责，现有的图书馆结构不能保证图书馆提供高质量的信息资源服务。

（六）缺乏符合信息时代的管理方法

从现在的管理体制来看，部分图书馆的管理方法强调的还是行政控制，因此图书馆在具体的管理方案和管理措施上仍是强调强化图书馆的行政管理，即按照"以事为中心"的原则管理图书馆的人力、物力、财力资源，形成了一个没有竞争压力、没有工作绩效压力的管理氛围。这种管理方法不仅降低了整个管理流程的效率，也挫伤了管理者和馆员的工作积极性，最终导致图书馆不能输出优质的信息服务。

信息化时代下，图书馆的服务不只停留在基础的文献服务上，也上升到了优质的信息服务。图书馆采用传统的管理方式，始终采用传统的人工管理手段，既不符合读者需求，也不符合信息时代图书馆的发展规律。图书馆更应该遵循图书馆发展和管理规律，革新图书馆管理方法，如人本管理方法、目标管理方法、绩效管理方法等，以此来激发馆内人力资源的活力，而不是单纯地靠控制来压抑管理者和馆员的潜质和能力；同时，一次次信息化革命也为图书馆提供了新的技术管理手段。尽管如此，还是有部分图书馆采用人工管理手段，提高了图书馆的管理成本。

第三章　信息时代图书馆管理理念创新

图书馆服务质量直接影响读者的阅读质量，而图书馆服务质量又受到管理理念的直接影响，在信息时代，要想对图书馆管理理念进行创新，就需要对其进行分析。本章分为图书馆管理的主要原理、信息化管理与传统管理的区别、信息时代图书馆管理的新理念三部分。

第一节　图书馆管理的主要原理

一、系统原理

（一）系统原理的定义

美籍奥地利生物学家路德纬希·冯·贝塔朗菲（Ludwig von Bertalanffy）提出了"系统论"，他认为从一定程度上说，系统是处于一定的相互关系之中的，并且是与环境产生联系的各个要素的集合。

钱学森认为，系统是一些互相依存、互相影响的部分，它们结合在一起，形成一种体系，并发挥一定的功能。从这个概念中，我们可以看到，系统的形成要满足以下三个条件。

①系统必须由三个及以上的部分、要素、环节等组成。

②系统中的要素与要素之间、整体与环境之间、要素与整体之间都有关系，是相互关联的。

③系统整体具有确定作用。

以上三个条件缺一不可，否则就不是所谓的系统了。

要素和系统总是不可分割的，要素是构成系统的组件。在特定系统中，要素可以分为以下三种类型。

①数量不同、性质不同的要素构成不同的系统。

②数量和特性相同的要素，由于结构方法的差异而构成不同的系统。

③性质相同的要素，由于数量不同而构成不同的系统。

（二）系统原理的内容

系统原理是与系统的共同特征、基本属性等相关的理论概括，其主要涉及以下几个原理。

1. 系统整体性原理

系统的整体性是指系统内的各种要素互相关联，形成一个统一的整体。其实很多时候，人们往往将"系统"和"整体"互换使用，出现这种情况的主要原因是整体性是系统所有的属性中最本质的属性。

系统整体性原理的基础要素包括以下几个方面。

首先，要素和系统是分不开的。

其次，系统的总体性能与其单独的部件性能的总和是不对称的。

最后，除了各部件的功能总和之外，整个系统还出现了新的功能。

系统整体性原理在图书馆管理工作中的作用是非常重大的，具体有以下几点。

第一，根据图书馆管理目标，把管理要素组成为一个有机的系统。图书馆管理的目的就在于把图书馆中诸要素的功能统一起来，从总体上予以放大。从这个意义上说，图书馆管理是一门把图书馆中的各种要素或各个部分协调起来，使之达到某种组织目标的学问。

第二，图书馆管理体系的功能是建立在要素的功能之上并不断完善的。这是由于每一个要素都是整个系统的构成条件，因而要实现整个系统的功能转变，就必须以提高每一个要素的质量为基础。若各要素的作用不强或比较弱，则整个体系的作用也会弱。

第三，确保图书馆各要素的合理结合。系统整体性原理认为，由于没有形成一个合理的结构，导致了总体功能的不守恒。所以，要想提升和改进图书馆管理系统的总体功能，不仅要注重每个要素的功能，还要调整每个要素的组织方式，从而达到最优的效果。

2. 动态相关性原理

在动态过程中，系统的状态随时间而改变，反映出系统的动态特性。一个系统的动态特性很大程度上取决于它的相互关系。系统的关联性，就是系统中的各个要素之间、系统与环境之间以及系统与整体之间，都存在着一定的联系，而且它们之间相互作用和制约，不能被分离开来。而这种相互影响的存在，又会推动制度的变化。

在图书馆的管理实践中，系统的动态相关性原理起到了以下作用。

第一，在图书馆管理体系中，每一种要素的存在和有效运转，都是与其他要素紧密联系在一起的。如果系统中的一个要素发生了变化，其他要素也会随之变化。这就要求在实际操作中，若要对一些不合理要素进行修改，就必须对与该要素有关的其他要素进行考虑，以实现对该要素的理性调整。

第二，图书馆系统内部诸要素之间的相关性不是静态的，而是动态的，在此基础上，提出了一种新的评价指标体系。要素间的相互影响会随着时间的推移而改变，从而整个系统的特性和状态也会随着时间的推移而发展和改变。这就要求我们将图书馆系统看作动态系统，在动态中，对系统的整体性进行认识和把握。同时，在动态中，我们也可以处理部分与整体、部分与部分间的关系。

第三，图书馆系统的整体功能存在于图书馆与环境的相关性中。如果要素之间的相关性构成系统的结构联系，使系统成为具备一定结构的整体，那么系统与环境的相关性就形成了系统的功能关联。

（三）系统原理的特点

任何社会组织都是由人、物、信息组成的系统，任何管理都是对系统的管理。系统是由若干相互联系、相互作用的部分组成的，在一定环境中具有特定功能的有机整体。图书馆和其他社会组织一样，都是由人、物、信息组成的系统。系统通常具有以下六个方面的特性。

1. 整体性

整体性是指系统各要素之间的相互关系以及各要素与系统之间的关系，它以整体为中心来对各要素进行协调，并使其服从于整体。它的作用并不等同于各构成要素作用的简单相加，而应大于各构成要素作用的和，也就是"总体作用大于局部作用之和"。

图书馆管理的目标，就是将各要素的职能结合在一起，发挥出比各要素更大的作用。要使图书馆的各项功能得到最大限度的发挥，就必须对图书馆系统中的各要素进行优化与调整，构建并维持其合理的结构。

与此同时，还需要将各个子系统的功能都充分地发挥出来，并且部分功能要服从于图书馆的总体功能，这样才能确保在管理的过程中，图书馆系统的总体功能达到最优化。

2. 动态性

系统是一种动态的有机体，它的稳定性具有相对性，而运动具有绝对性。这是因为，它既是一个功能性的实体，又是一个动态的形态。图书馆系统处于持续变化的环境中，这主要体现在：图书馆使用的信息技术在改变；图书馆的读者在改变；图书馆的信息资源和信息服务在改变；馆员也在改变。所以，图书馆必须根据运动变化，对自己的职能进行调整和改进，这样才能与内部和外部的社会环境发生的变化相适应，并满足内部和外部不断变化的需要。与此同时，每一个系统的职能，每一个系统之间的相互关系，都应不断地改变，这样才能更好地掌握社会环境和图书馆自身的发展方向，实现图书馆管理的最佳目标。

3. 开放性

任何一个系统都必须与外部环境进行物质、能量和信息的交换，以保持其动态平衡，保持其存在。没有与外界的物质、能量、信息的交流，就没有任何系统。管理者应该以系统的开放性为出发点，将外界环境对系统产生的各种影响进行充分考虑，并从周围的环境中吸取系统所需要的物质、能量和信息。

要想取得更大的发展，唯一的办法就是向世界开放。例如，要尽量扩大读者群体，增加文献的发行量；要持续地从社会中吸纳所需的各种人才和各种类型的工作人员；要从社会中获得新的管理思想，与时俱进；要从社会上获得技术、材料和资金的支援。

4. 适应性

系统并不是一个独立的个体，而是与其周边的一切事物都有各种关系，而与该系统相关联的周边事物的整体就是其所处的环境。当一个系统与其所处的环境条件能够达到最优时，则可认为这个系统是一个动态系统。

当图书馆系统从外界获得资源、资讯、人才等支援时，一定要回馈给社会，提供最好的服务，如此才能达到一个良性的循环。图书馆与它的各个部分并不是独立存在的，而是与周围的社会环境有着密切联系的。图书馆在适应社会环境方面表现出了积极的态度，例如，利用各类公共关系活动，促使政府增加对其的投资，并通过接收社会捐赠来扩大其资金来源；通过提高服务质量和开展各种宣传活动引起社会的重视等。

5. 层次性

系统的结构是有层次的，层次反映了系统的有机关联。系统运动的有效性和效率的高低，主要依赖对层级的划分。每个层级都应该有明确的界限和明确的责任。各个层级按照目标，坚持不越级的原则，接收上级的指示信息，以完成工作。

图书馆系统的层次等级是对目标进行科学分解的组织依据，只有利用目标体系，在组织上对每一管理层级、每一部门乃至每一个人的目标职责进行清晰的划分，并赋予与之相对应的权利，才能构建一个目标责任体系。

图书馆组织系统正是通过对管理层次的合理设置，对图书馆目标进行科学分解，并按照不同层次实施了层次管理，从而让整体图书馆管理工作步入了系统化管理的轨道。

6. 综合性

综合性是指将制度的各个组成部分、各个方面、各个要素结合在一起，研究它们之间的共性与规律。图书馆制度的综合性包括三个方面：一是其宗旨的全面性、多元性，包括其服务职能、教育职能等；二是在选择时，对多种备选方案进行全面分析，选择出最佳的备选方案；三是从整体上进行管理创新，例如，在图书馆中使用信息技术，需要图书馆重新组织原来的组织结构。

二、动力原理

图书馆建立了"以人为中心"的图书馆管理体系，对"人"进行了层级划分，这是不是说明图书馆的经营就会顺利？不见得。由于缺乏激励，人的潜力无法得到最大限度的释放，更谈不上有多大的积极性，以达到图书馆管理工作的目的。于是，就有了动力原理。

（一）动力原理的含义

动力的管理学含义是指推动管理活动向特定方向运动的力量。其意义和作用不仅在于使管理运动，而且在于使其非如此运动不可。人的动机、行为和目标三者之间的关系如图 3-1 所示。

管理动力具有以下特点。

①有大小、方向和直接作用的目标。
②是促进管理组织运动的有力制约因素。
③是形成管理组织有序运动的因素。

现代管理强调，管理活动必须有强大的动力，特别是管理者要正确有效地利用这一管理动力，使管理更加可持续。

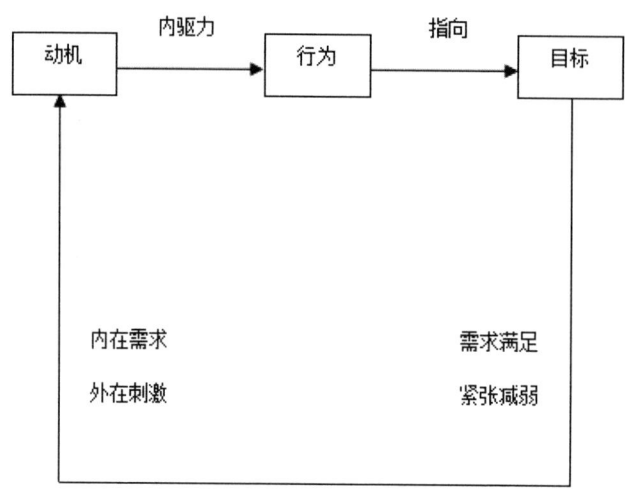

图 3-1 人的动机、行为和目标三者之间的关系

（二）管理动力的运用途径

1. 管理动力的协调机制

鉴于图书馆管理的物质动力、精神动力和信息动力各有其相对独立的特点，怎样将这三种动力有机地结合起来并且协调使用，是图书馆管理学所要探讨的重要课题。一般而言，管理行为在倾向于系统整体目标的过程中，物质动力是其基础和前提，精神动力是其核心和灵魂，信息动力则是其不可或缺的调节杠杆。这三种动力都有各自的作用与意义，不能有任何偏废。

这三种动力在图书馆体系中的位置与功能也有很大的区别。三种不同类型的动力的位置和功能会产生变化，从一定程度上说，即便是在同一个图书馆体系中，它们也是会随着时间、地点和条件的不同而有所变化的，并且在结构和层次上有明显的差异。因此，对信息时代的变化进行适时的把握，是图书馆经营的一项工作。要抓住这三种动力之间的区别，并采取切实可行、行之有效的方法，使它们相互促进，共同发挥作用。

2. 正确处理个体动力与整体动力、当前动力与长期动力的关系

从管理动力的观点来看，任何图书馆体系的总体动力，都受到图书馆体系中各个个体动力的影响。每个个体都有自己的物质动力、精神动力和信息动力。但是值得一提的是，个体动力并非始终与整个图书馆体系的发展方向相一致。如果我们将个体动力与整体动力之间的联系和影响用定量的方式来表达，通常会出现

如下三种典型情形，如图 3-2 所示。

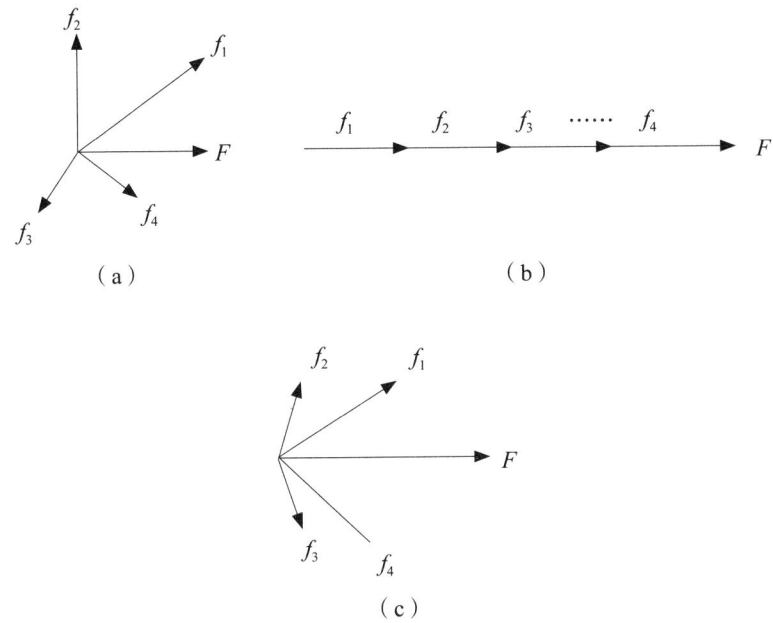

图 3-2　图书馆整体动力与个体动力组合的三种典型情形

在图 3-2（a）中，在图书馆系统中，各要素的动力都获得了充分和自由的发展，但是因为它们的方向不同，并且彼此之间存在着矛盾，最终所体现出的总体效果非常有限，有时还会出现向量为零或为负的现象。这样的动力结构就是所谓的"放任性"的管理动力模型。

在图 3-2（b）中，把每一个人的力量都扭曲成一个"集体"，看似是把所有人的力量都集中在一起，才能发挥出最大的力量，其实不然。这是由于在整个图书馆体系中，各部分的动力学行为并不符合守恒定律。将单一的要素力量纳入整个图书馆的力量体系，让它的行为变得一致，这其实就是对单一要素力量的一种限制。这就导致了个人动力得不到理性的、全面的发展，导致个人要素的活力下降甚至消失。在动力组合问题上，图书馆管理不仅拒绝了个体要素动力的盲目发挥，还拒绝了整体专断的动力模式，而是追求图书馆系统要素动力的合理组合。从图书馆管理的实际情况来看，一个较为理想的管理动力模型，通常是符合"四角形原则"的，即便是各要素的动力都得到了完全的自由发展，但其总体目标和方向却大体保持一致。

如图 3-2（c）所示，这种组合效应的总体矢量并不是最优组合，但它是最稳定、最可靠、最切合实际、最合理的组合。在图书馆的经营过程中，仍存在着一个问题，那就是如何正确理解并处理好当前与长期的关系。在一般的条件下，在图书馆体系中，个人要素的动力主要体现为：个人要素的性质、任务、目标和自身的利益；从总体上看，整个图书馆体系的动力以长期动力为主。

不过，这个区别是相对而言的。其实，个人动力中也有长期动力，整体动力中也有当前动力。二者既存在"标"又存在"本"的相互影响，存在着一定的交叉作用。在图书馆管理中，应该遵循"急则治标，缓则治本"的原则，正确地认识并处理好当前动力和长远动力的辩证关系。

3. 管理动力刺激量的科学运用

从控制理论出发，某种外在的激励可以使图书馆体系产生动态变化。也就是说，在图书馆体系中，对其各组成部分的行为进行改进时，应给予一定的鼓励和支持，这叫作积极的激励；相反，在一定程度上加以惩罚或限制，这就是消极的激励。

从某种程度上说，正、负向激励的大小以及所占比例决定了整个图书馆体系的动态结构的好坏。如果激励力度不合适，将无法有效地实现管理的动态性，也无法使整个图书馆体系和各要素都达到最优的激励效果。对此，在进行激励的过程中，要注重激励的时间效应；激励方式因人而异；奖惩分明，奖惩结合，以奖为主。

三、人本原理

（一）人本原理的含义

人本原理是一种以人为本的原理。从人本原理的观点来看，馆员的参与对图书馆进行有效的管理起着至关重要的作用。在现代图书馆管理中，从一定程度上说，读者是最重要的，图书馆管理的根本目标是为读者服务。

（二）人本原理的内容

1. 馆员是图书馆的主体

人是一切管理要素中最活跃、最具创造力的要素。人本原理从人的管理和开发的角度进行了探讨，更加强调人的价值和主观能动性，要求基于人的需求进行各项工作的安排部署。

在图书馆管理中，人本原理具体指的是在图书馆管理及服务的各项活动中，都必须坚持人的主导地位，坚持通过各类手段提升人这一主体的活动积极性，目标是实现人的全面发展以及管理效率的不断提升。各层次的图书馆馆员，要想做好总体的管理，就必须改变"唯物而观人""唯人而观物"的观念，坚持以人为本。馆员不仅仅是一个管理客体，还是一个管理主体。只有在所有员工的齐心协力之下，才能最大限度地发挥出图书馆各种资源的优势，让图书馆的日常业务和为读者服务的工作都能顺利地展开。

2. 员工参与是图书馆实现有效管理的关键

图书馆要想取得实效，必须集中力量、严格管理，同时适当分散力量、民主治理；在充分调动职工工作积极性的同时，也要充分发挥职工个体的主观能动性。要想让员工更好地融入自己的工作，就必须对人与事之间的关系进行妥善处理，这样就可以营造更加和谐的氛围，从而推动图书馆所有工作的顺利进行。

馆员参与图书馆管理同样是图书馆民主管理的一个重要内容，它是一种利用图书馆管理者的激励，来激发馆员参加图书馆日常管理工作的积极性，进而激发馆员的潜力，促进图书馆与馆员一起成长的管理方式。

激发馆员参与图书馆经营的热情，就是要让馆员对图书馆的日常经营有更多的了解，这样既能提升馆员的决策水平，又能使图书馆的决议顺利执行。这可以激发馆员工作的动力，让他们对目前的工作更加满意，对图书馆产生更多的感情。

从本质上说，馆员参与图书馆管理是民主思想在图书馆管理工作中的体现，是强调普通馆员权益的图书馆民主管理方式。馆员参与图书馆管理的方式有很多，但主要采用的是共同决策的方式。这是一种上级管理者将自己的决策权与下级分享的管理方式。这种管理方式在提高馆员的工作热情、主人翁意识上有明显的作用。但这种管理方式并非在所有的图书馆或图书馆所有的事务上都适用。管理者必须保证参与管理的馆员有充足的时间参与到决策中，馆员参与决策的问题与他自身的利益相关，参与管理的馆员必须具有相关的能力，同时本馆文化氛围必须支持馆员参与图书馆管理。这种管理方式最常见的形式是合理化建议，即馆员根据日常工作中遇到的问题对图书馆的运作流程或工作方式提出可以改进的地方，图书馆对其建议进行评估，根据评估结果决定是否采纳馆员的合理化建议，并根据该建议实施的效果给予该馆员一定的奖励。

3. 为读者服务是管理的根本目的

图书馆的存在与发展离不开读者。图书馆馆员要想做好图书馆的工作，一是要营造有利于读者获得资讯和知识的学习氛围；二是了解读者需要什么、关注什么；三是注重对读者群的培养。

四、能级原理

（一）能级原理的含义

能级原理是利用物理学中的概念，将管理系统中的诸要素，如人员、岗位划分成一定层次，并授予不同的权力和物质利益，使各个层次都能充分发挥自身的能力，从而达到理想的管理效益的一种办法。能量是作用的本原，能级是对能量大小加以划分。

人员、岗位等要素都存在着能量的问题。对能量进行分级，就是建立起一定的秩序、一定的规范和一定的标准。图书馆对人员的需求是包罗万象的。一个人的工作成绩大小、工作效益高低，不仅取决于他的知识技能，同时也取决于其他要素。也就是说，人员的能级高低还与他本人的学历、经验、态度、人际关系、家庭、年龄等各方面有关。按能级划分人员，量才录用，取长补短，就会充分发挥人才的作用，避免人力资源的浪费。

（二）图书馆能级的结构优化

对能级结构的优化，能够实现图书馆能级的动态优化。若对图书馆能级结构形式进行几何学分析，则可构造出一种稳定的三角形形式，如图 3-3 所示。

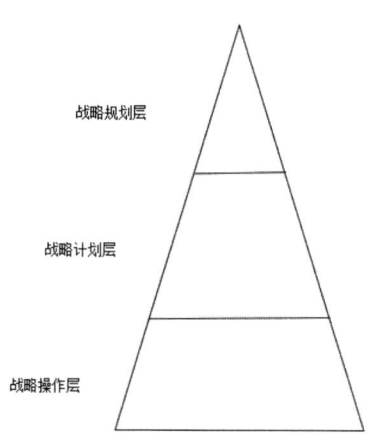

图 3-3　图书馆能级结构

应该说，这种正三角形的状态是一种十分稳定的结构形式，也是现代图书馆经营较为理想的一种状态，它的特征表现在以下几个方面。

①决策部门,一定要一言九鼎。

②实施层要有章法,要有依据,这样才能确保管理的路线、方针和政策可以长久地、稳定地进行。

③能够符合管理者决策"质""量"的要求。

④根据现代经营中的"一进一出"原则,使投资最少,效益最大。

⑤便于各个管理层次的错误判断,责任清晰,结果清晰,有助于克服官僚作风、盲目指挥、遇事推卸责任、"踢皮球"的缺点。

(三)图书馆能级的动态优化

1. **不同能级的管理岗位必须具有不同的目标和任务**

著名的安东尼结构将管理系统划分为以下三个层次。

①战略规划层。

②战术计划层。

③技术操作层。

在这三个层次中,第一级主要是考虑某个项目在管理体系中是否可以上马,并决定上马的时间;第二级则是在思考怎样才能上马;第三级是保障执行和运作的一种重要措施。这三个层次的任务与目标如表3-1所示。

表3-1 各级管理岗位的任务与目标

项目	战略规划层	战术计划层	技术操作层
主要关心的问题	是否上马、何时上马	怎样上马	怎样干好
时间幅度	3~5年	0.5~2年	周、月
视野	宽广	中窄	狭窄
信息来源	外部为主	内部为主	内部
信息特征	高度综合	中等汇总	具体
不确定冒险程度	高	中	低

我们可以看到,不同的管理岗位,它们的任务和目标是不一样的,所以,对于不同层次的管理者,要求也是不一样的。管理者能力,一定要和他的管理水平相匹配,而不能混乱。

2. **不同专业岗位的能级必须动态对应**

每个人的天赋各不相同,实力也各不相同。管理者的职责就是区分和认识各种人,尽量把他们安排到相应的位置上,让他们发挥出自己的才能。不过这不是光凭一套套的规划和主观意识就可以完成的,必须让所有人都能够在不同的能量层次里自由地活动，并且能够在不同的能量层次里寻找到最合适的能量层次。而职业职位的能级变动和人才素质变动的交互作用又决定了图书馆的管理要实现能级的动态匹配。唯有如此，才能最大限度地发挥图书馆的最大效率和效能，确保最大限度地提高管理效益。

五、责任原理

（一）责任原理的含义

责任原理的本质是保证及提高组织的效益和效率，主要包括明确每个人的职责，合理设计职位和委授权限，全程保持奖惩分明、公正而及时等观点。管理是一个追求效率和效益的过程，在此过程中，要想充分发挥人的潜力，就需要在合理的分工下，对各个部门和个体的工作任务和职责进行清晰的界定。

（二）责任原理的内容

1. 清楚地说明每一个人的责任

责任是将所有人的位置进行合理的分配，清楚地界定每一岗位的职责。责任是指从总体上赋予个人的使命，它对维持总体上的正常秩序具有一定的约束作用。责任的明晰主要是指责任的清晰度；职责的内容应明确，并做出明确的规定；责任应包含横向联络的要素；责任必须落实到每一个人。

2. 职位与授权的合理化

进行任何管理，都要借助一定的权力，有责无权、责权不符都不可能进行有效的管理。因此，必须将完成岗位职责所必需的权限全部委授予各级管理者，让他们能够独立决策，并且在需要的时候，给予适当的协助和支持。

适当的授权仅仅是实现全面责任的一个必要前提，管理者会有意识地权衡风险和收益。全面的责任是指有责任的人要自己承担所有的危险，而在这个过程中，能力是一个要素。一个优秀的管理者，不但需要具备良好的专业水平，还要具备处理人际关系的组织才能以及一定的实际经验。

3. 奖惩分明、公正而及时

公平、即时地奖励和惩罚每一位员工，将会激发员工的动力，发掘员工的潜能，进而提升员工的经营效能。对每一个人的公平奖励和惩罚，都是建立在一次认真、精确的评估之上。

在奖励和惩罚中，应尽量使奖励和惩罚更加规范化和制度化，以避免奖励和惩罚的随机性和偶然性。对于做出了成绩、做出了贡献的人，要适时地给予肯定，给予嘉奖，不能打击他们的积极性。与此同时，对少数人的恶行进行及时、公平的处罚，也能对大多数人起到教育作用，避免恶行对整个机构造成更大的伤害。

六、效益原理

（一）效益原理的含义

效益是管理的永恒主题，效益的高低直接影响着组织的生存和发展。具体而言，如果某项社会活动仅呈现出一种好的结果，而产生这种结果的活动过程却是不科学或者不合理的，例如，浪费了许多经济资源，那么从一定程度上说，这一社会活动就不能说是有效益的。同样，如果某项社会活动只是过程简捷、经济，但其导致的结果却是违背人们的主观目的或者愿望的，那么从一定程度上说，这一活动自然也不能说是具有效益的。

图书馆效益是以办馆效益，也就是图书馆的服务效益为出发点的，在着眼于社会效益的前提下，促进图书馆的经济发展。从实践角度看，图书馆的经营效益应以办馆效益，特别是长期、稳定、高效益为首要目标，力求实现经济（部分）和社会（整体）效益的和谐统一。

在经济（部分）效益与社会（整体）效益之间产生矛盾的时候，管理者一定要将社会（整体）效益置于第一位，要让经济（部分）效益服从于社会（整体）效益，甚至可以为了获得社会（整体）效益而牺牲经济（部分）效益，因为社会（整体）效益要比经济（部分）效益更加重要，是图书馆生存和发展的根本。

（二）影响图书馆管理效益的要素

1. 生产模式

在基本的层次上，图书馆管理效益是由生产模式决定的。从一定程度上说，图书馆的经营是一种生产方式，即生产模式如何、经营活动如何。所以，生产模式在很大程度上决定了图书馆经营的质量和方式。而图书馆经营的本质和模式，则是影响图书馆经营效率的要素。从理论上可以得出，生产模式是影响图书馆经营效率的决定性要素。

2. 管理者

在图书馆的经营过程中，管理者处于主导和中心的位置，是管理工作的主导和中心。管理者的行为方式、观念等将直接影响到图书馆的经营效果，同时会影响到图书馆管理的组织、计划与控制等环节。

3. 管理对象

管理对象对图书馆的组织、规划和管理等方面都产生了一定的影响。在图书馆的经营活动中，人、财、物和信息资源构成了一个有机体，而人又是这个系统的核心。尽管其他要素的结合也会对图书馆的经营效率产生很大的影响，但在其中，人起着很大的作用。图书馆馆员的责任心、水平等是影响其他管理对象的要素。

4. 管理环境

图书馆经营收益的获得，要靠经营活动的有效经营来完成，而经营环境对经营收益也有很大的影响。影响图书馆管理效益的环境要素包括政治环境、经济环境、科学技术环境和社会心理环境。

第二节　信息化管理与传统管理的区别

一、管理对象的区别

传统图书馆的管理对象是"物"，其中包括图书馆的网站、图书杂志和馆内的硬件设备。对这些物品的管理，主要由管理人员进行，例如，环境的清理、书目的整理、书籍的借阅和归还等，都是由人来进行的。

与传统的图书馆管理模式相比，信息时代的图书馆管理模式的首要特征之一就是管理对象的变化。与传统管理模式相比，信息化管理模式中增加了更多的管理对象，不仅包括之前的管理对象，工作人员还需要对数字化管理设备展开维修，确保管理设备和软件的高效运转。

二、管理方式的区别

传统的图书馆管理采用了一种直线式管理方法，它基于劳动分工、个人责任制和规范问题，通过等级和权利来进行管理，组织中的每一个成员和各个部门都有明确的界限，为了获得资源等而互相竞争。这样的管理体制太过程式化，加上对权利意识的操纵，以及组织部门间的激烈竞争，对图书馆的管理模式进行了很大的限制，这自然就是传统的管理方式的不足之处，这里就不多做介绍了。

而在信息化管理中，图书馆在经营方法上有极大的改善。首先就是各个部门的合作和沟通。各个部门的资料都是公开的，很多资料都可以在网络上分享，而且各个部门会进行一些交换。这种方式可以使各机构的工作方式得到优化，从而使整个机构的运行效率得到提升。其次是高效率的管理。随着计算机技术的进步，我们可以更快更准确地对数据进行记录和处理，这为图书馆人员进行高效率的工作奠定了基础。

三、管理思想的区别

过去人们普遍认为，图书馆最重要的就是馆藏文献资源和馆舍等硬件设施，所以传统的图书馆管理主要是针对馆舍以及馆藏资源的管理，以物为本，没有树立以人为本的管理理念。

而在信息时代，随着现代信息技术的高速发展，彻底改变了馆藏以纸质文献为主的单一局面，除了纸质文献，还有电子文献以及传播在网络上一切可供参考利用的有用的信息资源。图书馆工作人员被赋予了"信息导航员""网络咨询员"的角色，传统的以物为本的管理理念已经不能适应时代的要求。为了使"信息导航员""网络咨询员"的称号名副其实，图书馆应该重新树立管理理念，由以前的以物为本转向全面具体的以人为本，把对图书馆馆员的管理作为图书馆内部管理的最终目标，从思想观念、知识结构、工作技能、组织管理能力方面提升图书馆馆员的综合素质，培养和造就一批高素质的图书馆馆员。

其实传统的图书馆管理理念是建立在工业化的经济基础上的，它追求的是公司的组织化、权力化、行动的体制性。它是指对人员的行为与管理流程进行规范化，从而达到对内容进行高效管理的目的。强调标准化，以标准、机制来激发馆员参与图书馆的积极性。这样的管理方式，从某种程度上说，可以激励员工更加努力地工作，可是，会对馆员的思想形成制约，严重地造成工作疲劳，对当前的工作产生很大的影响。

总的来说，信息化管理理念是在传统管理理念的基础上的新发展，它为图书馆的管理带来灵活性，这对整个管理工作的运作起到了很大的推动作用，提升了图书馆工作人员的积极性，也提升了图书馆管理工作的效率。

四、管理标准的区别

由于管理理念不同，传统的图书馆管理和信息化管理之间的标准也存在着较大的不同。传统的管理方式是以"物"为基础的，也就是要保证被管理的物品的安全和完整，因此，为了达到这个目的，需要花费很多的精力和资源。但是，信息化管理在管理对象上得到了扩展，因此它的管理标准也发生了巨大的改变，在安全方面也提出了更高的要求，重点是信息的安全性。虽然不会有什么巨大的投资，可是对于技术的要求却是非常高的。

五、管理手段的区别

以往，图书馆对图书的采集、编目、验收、流通、阅览、咨询等工作，均采用手工方式来完成。人力管理具有较高的管理费用、较高的错误率、较高的拒借率、较差的服务品质、较低的周转率和较低的工作效率等特点。但是进入信息时代，引入电脑后，图书馆的工作方式有了质的变化，例如，登录、编目等都有了很大的变化。在图书的流通和阅读方面，不但提高了速度，而且程序十分简化，使图书的管理更加公开。

随着图书馆管理的自动化的提升，信息交流与传递手段发生了质变，人们通过网络就能获取图书信息。因此，图书馆文献的整理也要趋向于网络化，建立各种数据库，从而实现资源的真正共享。

第三节　信息时代图书馆管理的新理念

一、从一般化建设向特色化建设转变

在信息时代，图书馆要从宏观的视角去思考，以"大"的方式去构建"大"的资源。在总体分工的前提下，各图书馆要自觉地强化自身的个性化建设。通过这种方式，可以在一定程度上解决资金短缺的问题，还能让资源实现真正共享。

二、从"单一"向"科学"转变

从总体上看，目前我国的图书馆还停留在单一化的经营模式上，对综合经营和能力经营的研究较少。

在信息化和网络化的条件下，各层次的图书馆都必须制定出一套科学的管理制度，追求一种全面的管理方式。其中，科学系统管理主要是从基础管理、总体形象管理、文化观念管理、深层次的可持续发展管理四个方面进行的。

①基础管理。基础管理指的是对文献信息的采编、保管、流通、研究开发、参考咨询和读者辅导等方面的管理。要将基层经营工作纳入整体的科学指数体系，认清其定位，注重其依据，寻找其优化路径。

②总体形象管理。图书馆的总体形象管理主要包括图书馆人员的素质、图书馆的整体形象、图书馆的公关形象等。

③文化观念管理。文化观念管理就是要对管理方法进行改革，让文化的狭隘性、封闭性和排他性发生变化，从而达到图书馆的开放性和包罗万象的目的，扩大文化的胸襟，以欢迎各种层次的读者。

④深层次的可持续发展管理。深层次的可持续发展管理指的是将重点放在了教育上，提高了管理人员的素质和水平，让他们的主观能动性得到充分的发挥，从而让图书馆的管理功能变得更加具有潜力与后劲。

三、从重拥有向重存取转变

拥有是存取的先决条件，没有拥有，也就谈不上存取。但是，在网络环境下，除了重视资源特色化建设之外，更应该强调图书馆的存取功能。而对使用者而言，他并不关注资讯是如何获取、从何获取的。信息时代，大部分的图书馆数据都可以按需传送，可以是电子版，也可以是印刷版。一家图书馆的藏书将以其可获得性而非拥有性为标准。

四、在图书馆的发展途径上创新

随着信息时代的到来，我国图书馆面对的主要问题有两个：一是互联网的快速普及与发展，催生了电子图书馆与虚拟图书馆，对传统图书馆构成了威胁；二是 21 世纪，资讯科技的进步将更为迅速，网络的普及使得使用者可以轻易地在网络的各个结点上取得资讯，同时，社会性资讯组织也将大量进入资讯服务的范畴，因此，图书馆作为资讯服务业的一分子，将会面临更为激烈的竞争。

在此背景下，图书馆应实现发展理念的转变，树立竞争与协作的思维，打破传统的图书馆各自独立、各自封闭的办馆方式，而是将图书馆事业当作一个整体来看待，实现跨地区、跨部门的协作，可以建立图书馆联盟，加强合作，走共同发展之路。

五、从传统图书馆向数字图书馆转变

信息时代，我国的图书馆正在进行数字化建设，在组织结构、管理制度和人力资源等方面都要进行相应的变革。尽管数字图书馆的组成要素与传统图书馆基本相同，但其内涵已经发生了变化，主要体现在以下几点。

第一，工作重点正在转变。传统图书馆以采购、编目、典藏、流通、阅览为主要组织结构，为读者提供文献或文献线索，以文献为中心展开图书馆的业务及服务工作。

第二，在对图书馆学进行深入研究的过程中，许多人意识到，单个的图书馆藏书只是社会信息资源中的一小部分，因此，要逐步扩大图书馆的信息资源，让图书馆的内涵变得更丰富。

在信息时代，传统图书馆所使用的工作方式、读者运用图书馆的方式与要求都已经发生了变化。数字图书馆不但在业务方面运用了高新技术，而且在服务方面运用了高新技术，更多关注读者的需要，向读者提供了大量的、各种载体的、经过合理整合与筛选的资源。信息技术的应用带来了图书馆服务的变革。

第三，将现代信息技术运用到传统图书馆的业务工作中，不但对员工进行了重新组合，还对员工的质量提出了更高、更严格的要求。

从传统图书馆向数字图书馆转变的过程中，图书馆应对网络信息资源进行集中管理。

首先，图书馆可以扩大电子文献的比重，将图书馆中的特色文献转换成数字化文献。

其次，图书馆可以建立信息资源数据库，对馆藏图书进行统一管理。

再次，图书馆应该发挥网络信息技术的优势，建立电子文献阅览室，并进行在线监测和管理。此外，图书馆还应该及时下载更新网络信息，对存储的数据进行更改。

最后，图书馆要利用计算机技术下载馆藏图书的信息等，为网络用户服务，并建立相应的网络平台提供咨询服务，在网上进行有效管理。

六、树立可持续发展的信息资源管理理念

可持续发展作为一种新型的发展方式，其目标就是使整个社会都具备可持续发展的能力。

（一）图书馆信息资源的可持续开发

图书馆已经从仅仅提供文献线索，转变成了揭示文献的知识单元与知识之间的联系，使用先进的在线分析系统、决策支持系统，开发出各种各样的多媒体决策咨询报告，从而对未来社会的发展进行预测和可行性分析。图书馆可持续发展的进程是永无止境的，所以必须随时收集信息，及时反馈，及时调整。

在实现可持续发展的过程中，要把握好"藏用"的原则，这是图书馆管理者应重视并思考的问题。强化知识产权保护是实现可持续发展的基本前提。

（二）图书馆信息资源的可持续保存

图书馆的可持续发展，主要表现为后代读者与当代读者同样平等地享有利用图书馆资源的权利。所以，从管理角度来看，要制定一套严谨的文件保存策略，确保文件的完整，防止文件迅速陈旧。我们可以通过现代化技术，在提供使用的同时，对文献进行保护，让后人能够永久地享受到图书馆的资源。

七、发展现代化的管理模式

信息时代，要想提高图书馆为广大读者提供的信息的质量，就需要从读者的需要出发，加强图书馆的信息化建设；要按照读者的需求，合理而高效地划分出各种类型的材料，并且为了适应全球化的发展，要用不同的语言来标注各种类型的材料，这样就可以降低读者的阅读难度。

与此同时，要强调图书馆的先进地位，恰当地利用当今最受欢迎的计算机网络技术，并在此基础上增加网络检索服务。图书馆必须明确自己的责任，为读者提供所需的服务。由于图书馆的阅读群体的读者们可能来自各专业领域，图书馆必须满足各学科阅读群体的阅读需要。

在新时期，图书馆的管理工作在图书馆总体业务中的地位变得越来越重要，优化图书馆管理工作势在必行。图书馆相关管理人员必须根据本馆馆藏和阅读群体的整体需求对图书馆管理工作进行优化改革，从而完善整个图书馆的管理体系。

总之，图书馆要想更好地应对信息时代给自身带来的冲击，就必须加强网络建设，不断地充实和完善本馆的数据库，从而提高本馆对广大用户和读者的服务能力；要与时代发展特点相适应，加强电子图书馆的建设，提高读者在学习和阅读时的便利程度。在图书馆中资料查询的形式和方法很重要，但更要做好资源更新和丰富的基础工作。

第四章 信息时代图书馆知识管理创新

知识是各行业管理工作科学进行的前提和基础,是解决实际问题的思想武器,其作为一种新的管理理念,可以有效应用在图书馆建设中。本章分为图书馆知识管理概述、图书馆知识管理的必要性、信息时代图书馆知识管理创新策略三部分。

第一节 图书馆知识管理概述

一、图书馆知识管理相关定义

(一)知识

狭义上的知识是指人们在实践中获得的认识和经验。哲学家弗朗西斯·培根(Francis Bacon)认为知识是"经验的成果",而卡尔·海因里希·马克思(Karl Heinrich Marx)把社会实践看作所有知识的基石,是知识的检验标准。

不同的人从不同的学科、不同的视角对知识进行了界定。现在,"知识"这个术语在社会科学尤其是管理学中得到了广泛应用。知识是基于知识拥有者的信仰而被创造并组织起来的。因此,知识与信息的最大区别在于,知识与人的信念和行为息息相关。知识经常与数据、信息、情报等词汇相互混淆。

为了明确知识的定位,以往的研究总结出了知识从低到高的五级转化模型。在这个五级转化模型中,数据是最底层的,指的是不同的文本、事实、代码、图像、声音等的集合;第二级为信息,是指结构化或半结构化的数据;知识是该模型的第三级,是一些规则、案例和应用程序的集合,是附加了人类意识的信息。除了这三个层次之外,此模式还增加了技艺和能力作为最高的两个层次。技艺是指快速、正确的意见、解释、判断和推理结果;能力位于最高的层次,包括经验、知识库、核心能力等。这五个层次之间的关系如图 4-1 所示。

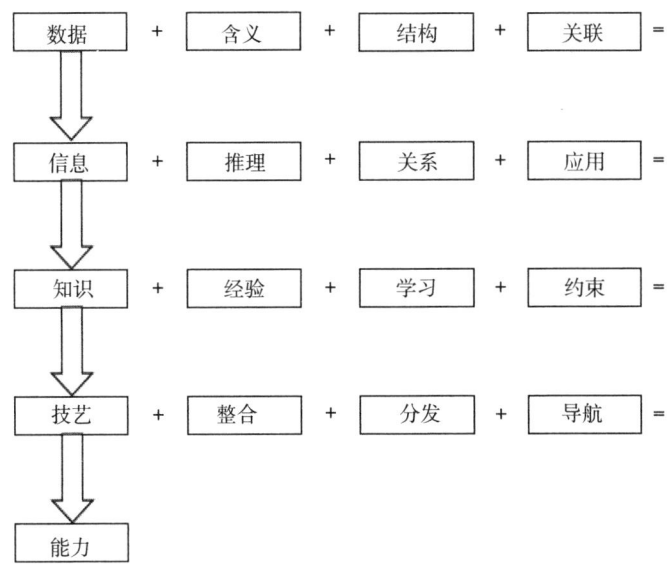

图 4-1　知识层次示意图

（二）知识管理

知识管理最早由著名管理学大师彼得·德鲁克（Peter F. Drucker）在 1988 年正式提出，德鲁克致力于传播知识管理的思想，并且最早预言知识经济的来临。他认为知识技术将代替传统的生产资源成为企业的核心资源，在这个阶段，对知识管理的研究重点是开发相关的管理技术，没有涉及知识管理的核心内涵。

但之后，知识创造理论之父野中郁次郎（Ikujiro Nonaka）在 1991 年提出了知识管理经典理论，使得知识管理的相关研究突破了技术的限制，拓宽了研究的视野，即以"知识"和"人"为研究重点。野中郁次郎提出了著名的知识螺旋理论，他认为对企业知识的创新发展来说，隐性知识的共享和知识环境的优劣具有重要的作用。他还强调在组织内部，要建立进行知识拓展和运用的运作平台。此时，对于知识管理的研究不仅强调显性知识与隐性知识相结合，还特别重视组织环境具有的重要作用。

国外学者的研究为国内研究奠定了一定的基础，国内许多学者对知识管理的含义也有各自不同的见解，立足于知识管理历史和知识管理技术两个角度，从广义和狭义两个层面分别进行阐述。广义层面的知识管理是指不仅仅要对知识本身开展管理活动，还要对与知识有关的各种资源进行管理，例如，对组织、设施、人员等进行全方位和全过程的管理；狭义层面的知识管理是指对知识本身所进行的管理，具体包括知识的获取、加工、存储、共享等方面。

当前，组织中最关键的资产之一就是知识，知识管理都或多或少地存在于各组织的活动中。知识管理是涉及人、知识管理技术和组织的一种在知识经济时代涌现出的最新管理思想和方法。

知识管理包括对知识本身的管理和对知识的获取、创造、共享、传递、存取、更新等过程的管理。知识管理属于社会学、信息学和管理学等科学研究集成的综合学科，高于数据管理、信息管理的范畴。知识管理能够使知识资源得到传播、增值并指导组织决策，最终达到提高核心竞争力的目的。企业知识管理的目标包括：及时为职工提供所需的知识，以提高职工的工作效率；提供企业内部知识传播的途径方法，提高知识共享的效率；确保职工对提供给他们的知识资源进行优化利用；不断积累企业知识，即使个人离职也能留下有价值的知识；实现企业知识创新，提高组织的核心竞争力。

（三）图书馆知识管理

我们可以通过两种方式来理解图书馆知识管理。

一种是管理图书馆现有的知识资源，包括人力资源、组织规则、组织文化、文档、纸质书籍和电子资源以及知识管理可见的知识资源及其背后的理论和文化。

二是整合和分析图书馆的业务流程、系统、文化和其他要素，并改善知识管理流程。诸如获取、编目、分发等业务链接也是知识活动，将它们集成到图书馆知识管理的类别中，并不断深化服务改革和知识管理以改善服务和管理。

随着当前图书馆管理内容的不断增加，知识管理内容也将随之变化。图书馆的发展应旨在提高工作水平和服务质量，促进知识管理和持续创新发展。

二、图书馆知识管理相关理论

（一）知识管理理论

对于知识管理的理解，国内外学者通常以过程论的视角进行揭示。世界各地不同的研究人员对该理论持不同的观点，因此我们在这里进行总结，具体如下。

①知识管理是一个组织获取知识、储存知识、分享知识、传递知识并创新运用的过程，是一个动态管理的过程。

②知识管理是组织从社会中吸取知识并消化，再经过组织的加工、组合、共享等过程流入社会，是一个社会过程而不是组织行为中的某一个环节。

③知识管理是知识生成、知识共享、知识存储和知识利用的过程，知识生成和知识共享对知识利用的影响是通过知识获取来调节的。

④知识管理就是组织学习相关知识后，对其吸收消化、流动共享、整合创新、应用实践的一系列过程，通过这些环节利用各类型知识资源，高效率地达成组织的目标。

⑤有学者基于生命周期的视角，认为知识管理存在于企业的各个生命周期，是通过对知识的整合、识别、表达、融合、应用等过程，实现知识资源的有效管理。

⑥知识管理是一个组织通过创造知识、存取知识、共享知识等方式实现组织目标、提高个人及组织创新能力的管理过程。

（二）知识转移理论

知识转移是过程性概念，代表着知识从某个知识源迁移至某个知识受体的过程，知识源和知识受体对知识的基本信息与内涵信息均有所掌握，此迁移过程是单向的、有目的性的。世界各地不同的研究人员对该理论持不同的观点，因此我们在这里进行总结，具体如下。

①知识拥有者将知识传递给知识接收者的过程视为知识转移，并且知识接收者对该知识的理解程度达到与知识拥有者的类似水平，才能视为一个成功的知识转移。

②知识转移包括知识发送与知识接收两个过程，知识发送人与发送动机和知识接收人与接收动机，均会影响知识转移的速率与成效。

③在当今的大数据时代下，企业只有持续进行知识转移，吸收外部的先进知识不断更新自身的产品，才能提高核心竞争力，提供更有效的决策。

④知识发送者首先对知识编码，然后利用代码通过一定的媒介传递知识。知识接收者接收到知识后，经过理解、消化、融合，形成新的知识点，由此完成知识转移。

⑤知识主体与知识受体之间的知识势差是知识转移的源动力，知识从高势位主体流向低势位主体，并且产生创新知识的过程视为知识转移。

⑥任何一个企业都不可能在所有层面拥有最顶尖的知识，因此企业需要通过知识转移战略探索外部环境的优势知识，融合各领域的知识资源，实现更高效的技术创新。

（三）知识流动理论

知识流动亦是知识从一个主体到另一个主体的流动传递过程，与知识转移不同的是，知识流动的过程是双向的，即知识流动对连接的两个主体均可产生影响，知识主体与知识客体均可通过该过程获得不同程度的知识资源。世界各地不同的研究人员对该理论持不同的观点，因此我们在这里进行总结，具体如下。

①知识流动是知识来源方根据知识的主要特征，依据一定的规则传递给知识接收方的过程，双方在该过程中均吸收知识、理解知识、整合知识，使知识再循环。

②在动态变化的竞争环境中，企业或组织需要根据环境条件主动循环自身的知识资源，同时与外部知识交流，进而完善自身的知识库，实现资源平衡，该过程即为知识流动，是企业重要的知识管理战略。

③知识流动的发起对象可以是组织，也可以是个人，在传递主体知识的过程中，使知识得以吸收、转化、积累，从而实现知识再创新。知识具有双向、动态、能动性三个特征，知识流动是使知识主体与知识客体双赢的过程。

④知识流动使企业跨越组织边界，实现资源交换，从而使主体企业获取外部异质性资源，不断提升自身的竞争优势。

三、图书馆中的知识管理分析

（一）知识管理主要是对知识、人的管理

知识管理就是要揭示知识与知识之间、知识与人之间以及人与人之间的关联，具体分为以下三种情况。

1. 知识与知识之间的关联

知识点不是孤立存在的元素，而是与其他知识存在着各种联系，例如，等价、先后、类属、条件等。随着内外部环境和条件的不断变化，将有新的知识点加入进来，知识关联会发生动态变化。揭示知识与知识之间的关联，可以使知识系统化、网络化、模块化。使用者在访问一个知识点时，可以链接到所有的知识点，从而降低搜索成本，提高知识的重复利用率。

2. 知识与人之间的关联

消极地等待使用者去检索知识，将会降低知识的利用率，使工作变得单调乏味。图书馆馆员应根据使用者的兴趣爱好、专业要求等，选择合适的触发方式，通过个性化的设置，将知识推送到最需要、最适合的使用者，从而降低知识使用者的知识劳动强度。知识推送策略是知识管理的重要策略之一，但必须保证使用者得到的是重要的、合乎需求的知识，而不是一些干扰性的、次要的知识，这就需要使用者积极地参与到知识推送策略的制定之中，以满足其个性化需求。

3. 人与人之间的关联

人是一种重要的资源，人与人之间不仅要实现显性知识的共享，而且要实现隐性知识的共享。人与人之间的联结机制的关键在于协助知识使用者找到相关领域的专家，进行专业咨询和个性化交流，也就是说要提供知识交流的平台。

（二）图书馆的隐性知识分为动态和静态两种类型

隐性知识是个人或者组织长期积累而获得的、不易被识别和传播的知识，它未被编码，具有高度的个性化。其中，静态隐性知识包括具有一定保密价值的项目书、未发表的项目报告、个人或者组织的任务书等；动态隐性知识包括个人的工作经验、专门技巧等。具体包括以下几点。

1. 个人头脑知识

个人头脑知识是指图书馆的工作人员在长期的工作实践中形成的默会性的、个体性的知识，主要包括分析问题的角度、研究方法和技术路线等。例如，通过长期搜集万方、维普、中国知网等数据库中某一问题的研究文献，进行分析、整理和挖掘，得出这一问题的研究思路、发展现状和方向，但仅存在于研究者的头脑之中，不能使用传统的检索方法获得的知识。

2. 情景灵感知识

情景灵感知识是工作人员在科研或者工作过程中，产生的偶然性或情境性的创新思想，它没有被固化、系统化和模式化，是人脑一闪而过的想法，一旦错过，便被快速遗忘。

3. 工作方案知识

工作方案知识主要包括图书馆曾制订的人、财、物计划，调配方案等，图书馆的专家组或者项目组的任务书、项目合同书等，这些知识通过图文声像的形式表现出来，但涉及知识产权的保护问题，它们只能在特定的范围内共享，对范围以外的人来说属于隐性知识。

（三）图书馆的知识转化包括四种基本情况

1. 显性知识隐性化

显性知识隐性化对图书馆来说意义重大，尤其是在提升馆员的工作能力和服务意识方面。图书馆必须向图书馆的工作人员宣讲图书馆的发展历史、发展宗旨、战略规划、规章制度、服务理念等。

通过一定范围内的专题讲座，将信息技术知识、学科知识传授给图书馆的工作人员，或者将个体或局部知识上升为组织知识；通过各种激励措施，使图书馆的显性知识在图书馆主流文化框架下，内化于图书馆每一位工作人员的头脑中，为新的知识转化和知识创新奠定坚实的基础。

2. 显性知识显性化

显性知识显性化是对知识进行整合和再呈现的过程。因为每个人的知识水平和理解水平不同，对知识的需求也存在很大的差异，所以当前的显性知识并不能被所有人理解和接受，图书馆可以通过提炼知识点，发现知识之间的内在逻辑联系，形成新的知识表现形式。

3. 隐性知识显性化

动态隐性知识的显性化——"发掘""引出"和"沉淀"是将个人头脑知识和情景灵感知识系统化、外化和固化的有效手段。

"发掘"就是将图书馆工作人员头脑中的研究方法和技术路线、学术思想等通过总结、报告等形式表现出来。

"引出"就是通过学术报告、专题讲座、会议等将人头脑中的思想火花呈现并及时记录下来。

"沉淀"就是将隐性知识转化为显性知识。

静态隐性知识的显性化——可以通过建立知识库、数据库等形式扩大项目成果报告、业务流程进展、合同书等静态隐性知识的共享范围。

4. 隐性知识隐性化

隐性知识隐性化是最难的阶段，也是提高图书馆竞争力的重要环节。图书馆的工作人员的知识结构、个人素质和能力水平等各不相同，可以通过开展内部讨论会、建设学习小组、自愿组织项目组等方式来促进隐性知识向外辐射。

四、图书馆知识管理的目标与任务

（一）图书馆知识管理的目标

随着知识社会的发展以及个体需求的变化，不同于传统管理，图书馆知识管理的目标逐渐发生变化，图书馆管理的眼光不再局限于对馆藏文献资源和馆员的机械管理，而是开始关注知识的增值、创新以及人的发展等方面。

1. 知识增值

传统图书馆把自身资源的管理简单等同于馆藏文献的管理，而图书馆知识管理则是把文献资源作为图书馆知识资源的一部分进行管理。文献是与使用主体相分离的有形知识资源，其价值是能够衡量的，价值的增值也是有限的；知识则是反映使用主体素质的无形资源，其价值的不易衡量以及增值的无限性也是与文献资源不同的。可见，对图书馆来说，把馆藏资源管理等同于文献管理还是知识管理是传统管理与现代图书馆知识管理的根本差别。

事实上，传统的图书馆管理不考虑文献中承载的是什么知识的问题，只简单地从物本管理的观念和方法出发，把馆藏文献资源当作文献来管理；图书馆知识管理则把馆藏文献资源当作知识来管理，重点研究解决知识作用的发挥和知识的传播问题，管理思想和方法就是人本管理，是以知识增值为目的的管理。

2. 知识创新

通过对图书馆馆藏资源的科学管理，促进知识的转化，为知识创新服务是图书馆知识管理的主要目标之一。知识创新是在对已有知识的进一步组织和管理的前提下，向人们展现还没有被充分认识到的新内容，并不仅仅是新理论、新知识的提出。同时，在知识管理过程中不断进行知识创新实践，还能打造图书馆自己的知识创新团队，逐步形成图书馆的知识创新传统。

从知识组织的角度来说，随着信息社会的发展，图书馆要面对的文献形式多种多样，如何用适当的方式把这些文献中的知识组织起来，序化庞杂的信息，以方便读者利用和挖掘知识的新价值，这是对当今图书馆管理工作提出的新要求。

从知识系统的角度来说，传统的图书馆知识管理工作受制于图书馆馆员的知识水平和主观判断，无法根据文献中的知识内容进行客观分类；而现代信息技术的发展使人们能够通过智能搜索引擎技术，快速、方便地从海量信息中检索出需要的内容，根据知识内容形成自己的知识系统，能够有效实现知识的有机组合，更好地启发人们的思想，改善其知识结构，形成新的知识。

从团队创新的角度来说，由于知识管理本身是一种管理创新，这就要求图书馆大胆摒弃传统观念，鼓励图书馆工作人员使用新的观点、视角和方法来考虑问题和展开工作，通过进行图书馆知识管理，促进图书馆管理工作的开展，同时培养出一个有创新精神的团队。

3.人的发展

人类创造知识，知识理当服务于推动人类社会的进步和发展。图书馆知识管理的最终目标就是要实现人类的进一步发展。

首先，图书馆进行知识管理就是为了改善知识服务，帮助读者准确、全面地获取所需知识，从而改善自身知识结构。也就是说，图书馆知识管理推动的是读者知识的发展，这也是图书馆一切日常工作的根本目标。

其次，图书馆知识管理推动的是读者素质的发展。图书馆工作人员在日常工作中向读者提供知识服务的同时，会在无意间把自己的工作理念、行为方式、工作作风等渗透到图书馆的整个文化氛围里，对身处其中的读者造成一定的影响。如果一个图书馆思想解放、开拓进取、待人和蔼、工作要求严格，读者也会受到熏陶，在这样的图书馆环境中养成认真、进取的作风。

再次，图书馆知识管理推动的是馆员素质的发展。在图书馆中展开知识管理工作，对馆员能力素质的要求必然会更加严格，这就在客观上促使馆员不断地完善自我，从而促进馆员素质的发展。

最后，以公共图书馆为例，图书馆知识管理推动的是社区文化的发展。图书馆在为社区提供良好的文化服务的同时，还把关于知识作用的观念、知识发展的意识带到了所在社区，潜移默化地使人们受到文化的感染，发现知识的能量和价值，进而推动社区文化的发展。

（二）图书馆知识管理的任务

现代信息技术条件下的图书馆知识管理，是一种新型的图书馆管理理念和工作方法的总和，因此其任务也具有明显的时代特征。图书馆知识管理的任务，包括确立以人为本的服务理念、重视人力资源方面的管理、做好知识转移服务、帮助读者获取知识和信息、发展图书馆学理论和实践。

1.确立以人为本的服务理念

进行以知识为中心的图书馆管理，必然要从拥有知识和使用知识的人的角度来考虑管理问题，这就要求图书馆转变管理思想，调整工作重心，加强对各种载体信息的储存和传递方式的研究，重视对信息加工、信息检索方式及检索技术的研究，对庞杂的网络信息资源进行序化和编目，把无序的网络空间序化为数字图书馆，做好专业网络导航，开展信息推送服务，实现个性化服务，为读者提供省时、省力、积极主动的深度管理服务。

2. 重视人力资源方面的管理

人员的能力资源是图书馆知识管理的核心。人员的主观能动性和创造性在图书馆发展的任何时期都是基本动力。以创新型管理和服务为目标的知识管理就是要拓展人员的智慧潜能，数字图书馆的管理人员在现代社会已经不再是被动的信息资源管理者，应在文献信息方面成为导航者、在信息资源方面成为组织者、在信息分析方面成为采集者。

人力资源管理的重中之重就是营造信任的工作环境和宽松的学习氛围，在图书馆这个小环境和社会这个大环境中搭建不同层次的学习知识和交流信息的平台，针对工作成效采取各种奖惩激励措施，做到被动与主动相结合来激发员工的创新潜能，实现个人工作与图书馆发展相结合的共同创新。

3. 做好知识转移服务

图书馆的根本任务是通过服务工作，把馆藏知识资源按照读者的需求转移到读者的知识库中，这一过程也就是图书馆的知识转移服务。图书馆要想实现自己的职能和社会价值，必然要在研究图书馆与知识接受者之间的认识机制的基础上，使用有效的服务、管理和技术手段，把馆藏知识资源转移到知识接受者的知识库中，这些知识接受者既指读者个人，也指社会组织。

4. 帮助读者获取知识和信息

帮助读者获取知识和信息是图书馆知识管理的又一个重要任务。图书馆的日常工作，应该努力做到让读者来到图书馆后，面对的是井然有序的知识仓库，读者能在其中方便快捷地找到自己需要的知识。

也就是说，图书馆要站在读者的角度、考虑读者的立场，在扮演好知识服务主导者的过程中，不仅要革新管理观念，还要注重馆员素质的提高，在利用和获取知识的实践中，能快速认识并满足读者的需要。

5. 发展图书馆学理论和实践

在图书馆知识管理理论方面，如知识管理的内涵、知识系统的构建、知识系统之间的关系、如何实现知识的有效检索和获取、知识的缺乏或过剩等，还需要进行深入的研究，从而提高图书馆学的广度和深度，从更高的理论角度来总结和思考图书馆学问题；在知识管理实践方面，图书馆在日常工作中不断提出问题又不断解决问题，为图书馆知识管理理论的发展提供了来源，图书馆知识管理理论的发展又进一步指导图书馆更好地进行工作。

五、图书馆知识管理的对象

组织进行知识管理时，一般是以知识和关于知识的技术、组织结构、各类资源等为主要对象，而在这一环节，知识和知识工作者最为重要。知识主要包含两种内容，即隐性、显性，也有客观、主观之分。立足显性知识方面进行分析，可在语言表达及文字表述方面进行应用，能为整理、存储、获得、共享等提供便利；而从隐性知识方面进行分析，该种知识作为潜意识知识之一，主要是在人的脑海里集中存储，所以很难借助语言进行表达，或者是借助语言仅能对其中某一部分进行表达，交流、共享难度较大。

对知识管理来说，其是以知识具有价值、知识能创造价值的这一认知为基础逐渐生成的，而知识管理的核心就是以上两类知识在相互转换中创新目标的有效实现。知识管理中的管理、关注对象还包含具备创新能力的人，其着重强调了人脑潜能的释放，确保在充分交流和共享知识的情况下，达到更多知识的生成目的，为知识应用及知识更大价值的创造奠定坚实基础。

（一）显性知识管理

图书馆的显性知识管理，主要是通过对信息的收集、整理与加工，使无序信息有序化、系统化和集成化，并借助计算机技术和现代通信技术，实现知识信息的跨时空传播，增强其可用性。显性知识管理包括对实体资源的管理和网络资源的管理两方面。

实体资源的管理一般包括获取、分类、编目和加工等程序，以及提供书目信息服务等，从而方便读者对纸质和缩微资料的利用。

网络资源的管理则是将庞杂的网络资源序化加工，利用计算机及网络技术进行自动分类，根据读者的需求，有针对性地建立各类信息资源档案和知识库，提高检索效率，使资料信息存储有序和容易获取。

（二）隐性知识管理

图书馆隐性知识是存在于人头脑中的、高度个性化、难以表达和沟通、还未被编码和显化的知识，例如，一些难以描述的经验、技巧及工作团队内只能意会无法言传的默契等。

图书馆隐性知识管理，就是要让这部分知识在图书馆馆员之间、馆员与部门之间、部门与部门之间、各个图书馆之间流动，并通过各种知识要素的互相作用和有效整合，在这些流动的基础上实现知识的转化和共享。

隐性知识作为一种馆员头脑中的关于经验、灵感、诀窍的知识，不易编码和度量，难以实现大范围的交流，因此管理起来难度较大，对此，我们需要通过图书馆隐性知识的激励与信任、评测与转化、组织与存储等方面理论的研究和实际的运用来总结出一套行之有效的隐性知识管理模型，实现馆员之间的相互交流，对隐性知识加以挖掘和显性化，从而形成一套科学的图书馆隐性知识管理体系，为读者提供更好的知识服务。

六、图书馆知识管理的特征

（一）获取性强

图书馆是否与知识管理条件相符，需要通过获取性这一重要指标来判断，同时这也是对信息技术高速发展背景下图书馆信息传播能力的衡量。传统图书馆管理以借阅式、归还式为主，读者阅读时间受限，若需要继续阅读就要进行第二次借阅，极易造成读者访问图书馆次数以及图书信息获取量的减少。在知识管理背景下，读者可结合自身需求自主选择书籍借阅及归还的时间，而且便于快速检索信息。

（二）互动性强

在知识管理背景下，图书馆与读者之间的互动主要表现在以下三个方面。

一是信息检索的交互。在借书之前，读者应先研究适合其需求的信息，这是读者与图书信息之间的相互作用。

二是信息形式的相互作用。知识管理环境下的图书馆是基于信息技术的，它可以为读者提供各种形式的信息，例如，视频、声音和图像，这不仅改善了与读者之间的互动、交互，而且使信息更清晰、更易于理解。

三是读者之间的交互，知识框架库具有自己的信息平台，以便读者在平台上与其他读者讨论感兴趣的话题。

（三）时效性强

在知识管理背景下，图书馆管理通过信息技术可以随时为读者提供服务，读者也可以通过信息技术自由选择图书，与传统图书馆限制读者借阅和退还书籍所需的时间、地点不同，"自由"这一特点更加明显。在知识管理背景下，图书馆管理更加人性化，读者可以自由选择何时借阅和退还图书，大大扩展了图书馆的交付渠道，方便了读者，充分展现了图书馆的人性化服务。

（四）打破了时空限制

传统图书馆管理中，读者书籍的借阅以及归还大多数是通过图书馆这一重要场所来完成的，而很多图书馆并不是 24 小时营业，极易受到开放时间的限制，导致读者的信息检索效率较低。

在知识管理背景下，基于信息技术，读者可通过网络平台对图书馆信息进行快速搜索及查阅，实现了在线预定借阅以及阅读，而这也是传统图书馆所无法媲美的，时间、空间局限性被打破，管理效率提高。

第二节　图书馆知识管理的必要性

一、图书馆知识管理存在的必要性分析

（一）知识管理是图书馆基本职能的要求

图书馆的基本职能包含以下 4 个方面：储藏人类文化遗产、开展社会继续教育、开拓智力资源。这些职能的发挥都与知识紧密相连：储藏人类文化遗产的职能实质上是图书馆保存记录在各种载体上的知识；开展社会继续教育的职能是图书馆对自身所拥有的知识和信息进行传播和创新；开拓智力资源的职能是图书馆通过对馆内隐性知识的挖掘，以实现隐性知识显性化来供馆内成员进行学习。图书馆只有注重知识管理，其基本职能才能得到更好的发挥。

（二）知识管理是图书馆发展的需要

随着现代网络信息技术的发展，图书馆传统陈旧的管理模式受到巨大冲击。知识管理以一种新兴模式指导图书馆从各方面做出改进，旨在将馆内累积的知识资源与知识管理的理论和方法结合起来，并在实践中得到灵活运用。这对图书馆文献组织与管理质量、信息资源检索利用价值、馆内服务效益等方面均有促进作用。

（三）知识管理是图书馆创新管理和服务理念的需要

图书馆转变管理思想，从经济管理过渡到知识管理，将决策建立在知识的基础上，有利于其在竞争中站稳脚跟；知识管理使图书馆馆藏形式多样，服务模式人性化，开放程度高；而且信息资源含金量高，网络技术利用率高，有利于培养图书馆知识型人才，使其具备"广、博、精、专"的能力，主动学习和进行经验技术的交流，积极提升自己。

二、图书馆知识管理的积极影响

（一）有利于图书馆发展

知识管理被应用于图书馆管理中有利于图书馆的发展。在知识经济的背景之下，传统的图书馆管理方法已经不能满足人们读书的需求。随着人们文化素养的提高，人们深刻地认识到知识的重要性，很多人都树立起了终身学习的思想观念。在日常生活中，人们都喜欢到图书馆去查找一些资料，从而为自身的职业发展或者业余爱好而增添技能。

现如今，人们对获取知识的快速性具有非常高的要求。知识管理方法主要是利用网络计算机进行知识的管理，人们在搜索时能够非常快速、准确，从而满足人们学习知识的需求，对图书馆的发展也具有一定的促进作用。图书馆在发展的过程中少不了信息技术的支持，信息技术能够对其知识资源进行快速整理和优化，从而满足图书馆发展的需求。

（二）有利于凸显个人知识

知识管理的特征就是能够凸显知识。建立健全科学标准的管理制度需要工作人员密切配合、共同协作。图书馆馆员要加强学习，丰富自身的专业知识，积极参与培训学习，将工作重点落实到图书馆管理工作中，总结归纳经验，与其他工作人员及时沟通交流，找到解决问题的办法，建立统一的图书馆管理组织模式。

（三）有利于知识信息的搜集和利用

如今我国已经进入信息化 2.0 时代，图书馆已经将信息技术作为整个管理工作的重要支柱，尤其是在提供信息服务时，已经从传统文献的物理获取和整理中解脱出来，通过指引和检索，可以为用户提供二次文献，根据一条文献的线索，提供索引指南，帮助用户搜索到多个文献实物，以此规避信息检索单一性。

在知识经济时代，图书馆通过信息管理和知识管理，可以满足不同用户群体的需求，不再局限于对信息的管理，而是围绕信息组织，充分发挥知识信息资源体系的作用，着重加强对人、对物的管理，以用户群体的知识需求为对象，从根本上解决"为谁服务"和"如何服务"的根本性问题，从而有效激发用户的知识需求。

当前人们在生活和学习中对知识的渴求越来越强烈，图书馆应该在信息资源管理理论和信息系统理论的基础上应用网络技术、通信技术、大数据技术、互联网技术，对所有馆藏信息进行整合处理和检索，充分发挥图书馆的情报功能和教育功能，满足社会群体需求，以此克服信息分散化的弊端。

（四）有助于图书馆的知识创新

知识创新包括对知识进行科学有效的管理和对新知识成果研究进行创新两方面。通过知识管理的方式将图书馆的知识资源梳理分类管理，可以有效提升管理的有序性。接着将处理好的知识信息储存到计算机系统中，将知识管理系统化，便于知识需求者搜索查阅。图书馆运用知识管理将有利于知识传播，能够帮助人们进行知识学习、创新，最终达到提高知识价值的目的。

第三节 信息时代图书馆知识管理创新策略

一、创新图书馆知识管理理念

（一）落实以人为本思想

信息时代，在图书馆管理过程中，要坚持以人为本的管理服务理念。为了更好地为公众服务，书桌和椅子应设置在图书馆内的书架旁，以方便公众阅览图书。各类读物要分类摆放在相应的书刊栏目上，例如，商务类、文学类、英语类、小说类、销售类等，以便读者快速查找。

为了更好地为公众提供阅读服务，图书馆管理者应该从小事做起，例如，在图书馆入口张贴图书指南、检索指南、图书馆地形、每一个楼层的概况等提示信息，从而节省读者找书的时间，提高信息检索效率。

现在是信息时代，为了给读者带来更好的阅读体验，还可以在电脑区域设置图书馆内网系统地图，让读者通过网络搜索图书馆的信息，也方便读者下载资料。为了更好地实现以人为本的服务宗旨，在信息输入中，工作人员要仔细考虑输入的关键信息，图书要选择多个关键词，这样读者就可以方便地在网上进行信息检索。工作人员在对图书进行分类时，应保证准确性，提高检索的准确性。

（二）树立知识价值观

一方面，馆员要改变过去以书为中心的旧思想，树立以用户为中心的新的服务理念。这要求馆员除了改变服务思想，还要加强对信息资源的建设，改变图书馆的组织与管理方式等。总之，一切都要围绕以用户为中心、满足用户需求来开展。

另一方面，"以用户为中心"还可以这样理解：馆员要不断帮助用户提高自身的信息素养，定时开展用户信息素养教育，提高他们对文献信息资源及网络资源的查找和利用能力，帮助其养成良好的自学能力。

信息时代，由于信息资源的日益膨胀，用户不断提高对图书馆多方面的需求，他们需要的服务内容不再是单一的，而是涉及各学科、各行业，这就要求馆员具有渊博的知识功底，不仅了解最基本的与服务内容相关的信息，还要不断学习与获取新的有价值的知识。馆员不仅要掌握基本的网络信息技术，还要懂得信息管理知识，精通某一门专业知识，同时还要努力成为全能型的学科参考馆员，工作之余学习并掌握更多方面的知识，例如，知识产权、知识经济、知识创新等方面的知识，使自己的知识结构逐渐多元化。馆员要想树立新的知识价值观，就要以多元化的知识结构为基点，以用户为中心，成为名副其实的"信息情报导航员"和"信息咨询专业顾问"。

二、创新图书馆知识管理方式

（一）构建完善的知识管理系统

信息时代，要想实现知识管理模式在图书馆管理工作中全面落实，需要将知识理论全方位渗透于管理工作中，在管理工作中灵活应用，而要实现这一目标需要构建完善的知识管理系统。图书馆领导者应全面搜集管理工作经验及理论知识，并对搜集的全部内容进行整理、编制形成电子数据，将其融入图书馆知识管理系统。图书馆管理人员需要强化学习融入知识管理系统的全面理论知识与工作经验，在学习后与实际工作相结合并进行灵活应用。例如，图书馆领导者可以利用网络积极学习先进的管理理念与方法，与图书馆实际相结合构建适合本馆发展的管理模式，并将此模式融入知识管理系统，进而有效落实于实际管理中。另外，图书馆领导者应定期挖掘以往管理工作中存在的薄弱环节，根据所掌握的先进管理理念与方法制定出有效的改善措施，落实于知识管理系统中，达到有效改善薄弱环节、提升管理质量的目的。

（二）加强图书馆服务质量控制

信息时代，图书馆应该更加注重高质量的知识服务，以便吸引更多的读者，提高图书馆的利用率。提升知识服务质量是图书馆生存发展的根本，只有精益求精的服务质量才能体现图书馆的社会存在价值。

馆员应该树立"以人为本"的核心思想服务于用户，让用户满意，及时了解用户的需求活动、购买情况和对服务质量的评价，进而整理归纳，关注广大用户对图书馆知识服务的满意度，从而对图书馆未来工作的开展进行有针对性的指导。图书馆服务质量控制最有效的方法就是建立用户反馈机制，具体体现在以下几个方面。

1. 用户应该具有反馈意识

用户是图书馆工作的服务对象，对图书馆的服务质量有着最直接的感受，所给出的意见有利于图书馆的全面发展。用户有权利和义务对图书馆的知识服务进行评价、监督、建议和指导。所以用户应该强化自身的反馈意识，积极主动地了解各个方面的反馈渠道，及时提供针对图书馆知识服务方面的反馈信息。

2. 图书馆应该注重反馈信息的收集和整理

图书馆不仅要鼓励用户对图书馆知识服务进行反馈，还必须对反馈内容和结果给予高度重视。图书馆要积极主动地搜集和整理用户信息，用户满意度成为检验图书馆知识服务最直接、有效的依据。

图书馆可以通过当面反馈、意见箱、网络调查等多种途径对读者信息进行收集，保证反馈措施实施的全面性。

3. 图书馆应及时准确地处理反馈信息

因为每个人所处环境、所受教育有所区别，所以对图书馆知识服务的反馈具有主观性和多维性。图书馆要对收集的信息进行鉴别，本着客观公正、实事求是的原则，对正确、有价值的信息要及时采纳，弥补不足，完善措施。对缺乏证据或者失真而不能采纳的意见，要给予正确而合理的解释。

（三）加强学科服务平台建设

图书馆馆员制度的实施有效地促进了图书馆业务工作的专业化和集成化，提高了图书馆服务的针对性和主动性。但由于图书馆人力资源不足以及馆员工作的复杂性等问题，无法保障图书馆服务持续和快速地发展。在这种情况下充分利用先进的技术以及人力、物力和信息资源，构建统一的馆员知识服务平台意义重大。服务平台的建设有利于专业知识服务的顺利开展，能够提高图书馆服务质量和体现图书馆的现代化水平。

通过建设功能全面、技术先进的学科导航和学科知识库平台，帮助用户建立和使用知识库，推广和深化学科服务，促进学科建设与发展。

信息时代，信息技术的发展给图书馆发展带来了新的机遇和新的挑战，馆员只有不断创新服务模式，构建新的学科服务平台，在图书馆管理和服务中引入新理念、新技术、新应用，才能不断满足用户的需求，不落后于时代。

三、顺应现代化的技术革新

（一）充分利用各种信息技术

随着时代的不断发展，信息技术逐步融入图书馆发展历程，使图书馆管理与服务得到显著提升，因此图书馆应充分利用成熟的、新型的信息技术，突出图书馆服务内容的个性化、人性化，利用大数据、关联数据技术实现对图书资源更加精细化的管理过程，使图书资源更加丰富、全面。

信息时代，图书馆也可利用 5G 技术将服务延伸到智能手机端，使读者能够随时随地获取到所需图书资源；人工智能技术不但可以优化图书借还、流转服务，提升服务效率，还能够衍生出智能采访、文本处理等功能；云计算则可通过节约人力资源、计算资源等，提高图书馆信息管理效率，促进不同图书馆之间的共享协调管理。图书馆可以通过重构信息化系统新架构，加深信息技术的融合应用，催生图书馆管理新模式、新思路，以此突出图书馆的社会影响力、社会价值，为读者提供更加人性化、精准的图书资源服务。

另外，图书馆应利用人工智能技术，重新审视图书馆自动化基础设施，突破现有图书资源服务范围，不断拓展人工智能新的应用领域，及时升级各项基建项目，以此适应读者图书阅览新需求。

在如今的信息时代，图书馆如果想推动管理模式创新，就必须借助现有知识管理理论和信息技术平台，展开深入探索实践，利用新的信息技术来开辟信息管理渠道，打造新型信息管理部门。要勇于创新，大刀阔斧地改造现有组织架构，联合管理层次、组织架构、人事安排等多方面共同推动创新型管理平台的建设。图书馆还可以与社会上的互联网技术机构合作，开发适宜于图书馆信息管理的专属平台，以便于更便捷地进行知识管理活动。这也就要求图书馆馆长开阔视野，跟随时代的步伐，积极推动创新型平台建设，结合知识管理现状来对现有的管理机制进行优化，充分发挥集成化信息管理平台的作用。集成化信息管理平台可以帮助人们更好地查询自身想要的知识资源，平台的控制、管理人员需要采集服务对象的基本情况，展开信息管理和知识管理工作。图书馆工作人员应合理科学地运用信息技术去维护平台并对其进行监管，提升服务质量，扩大服务范围，保障知识管理活动高效、稳定进行。

技术的支撑是图书馆进行知识管理和知识服务的重要保障，直接推动了图书馆现代化事业的发展。图书馆需要利用各种新技术，改进服务手段，在原有服务的基础上结合各种知识资源提升服务的水平和质量，将信息及时传递给用户,更好地满足用户的需求,实现信息的增值,达到图书馆实施知识管理的根本目的。

图书馆知识服务的顺利实施离不开高速度的信息设备和大容量的存储设备等硬件方面的支撑,保证和谐稳定的通信环境。图书馆还应该加强网络化建设,目前网络已经成为广大读者获取知识的重要途径,网络的稳定发展成为图书馆开展知识服务的重要表现,这更离不开信息技术的有力支持,图书馆馆员应该善于学习,努力掌握多种信息技术手段,从而保证知识的存储与传播。

(二) 利用数据挖掘,实现知识创新

数据挖掘就是从数据库中提取信息和知识的过程。数据挖掘具体是指从不完全的、大量的、模糊的、有噪声的、随机的数据库中挖掘出正确的、未知的、有利用价值的并方便用户理解的知识的一种模式。

数据挖掘与传统分析工具有所不同,前者使用的方法是基于知识发现(KDD),通过运用模式匹配和其他算法来决定数据之间的重要联系。学科数据挖掘主要体现在两个方面:用户信息及知识内容。其程序包括对用户需求进行分析、知识传递、知识搜集、知识选择与挖掘等。馆员只有掌握数据挖掘技术,才能更方便地为用户提供有价值的知识。

(三) 创设新型学科信息共享空间

图书馆学科馆员所开展的个性化服务不是历来就有的,它是在信息技术和数字信息资源发展的条件下产生和发展的。

为了更好地开展这种个性化服务,一方面要构建信息资源共享平台和建立知识仓库。在建立知识库的过程中,要以用户需求为中心,有针对性地搜集有特色的信息资源,当然这一过程要结合本地区、本馆专业人员的特有优势,利用网络技术平台,及时而准确地为读者提供各种参考资料、目录、信息导航等,使本馆在新型的信息共享空间中具备自己的特色及优势。

另一方面,在建立知识库时,图书馆应主动与院系进行联系,这样能够及时快速地了解该院系最新的科研项目和需求,弄清发展动向,为学科信息资源的进一步采集和加工提供科学依据,使用户获取的知识具有科学性、独特性、专业性,这样就提高了教学科研人员的工作效率,使知识获得了增值。

四、创新图书馆知识管理模式和运行机制

（一）促进人力资源管理模式的改革

图书馆人员的整体素质直接关系到知识管理的质量和水平，这是由于在进行图书馆知识管理的过程中，图书馆馆员可以对图书馆知识进行开发、利用、传播和生产，如果图书馆馆员的素质较差，就会导致知识管理的质量下降。因此，我国的图书馆对馆员质量都有一定要求。

但即使如此，在图书馆中，仍然需要对人力资源工作予以足够的关注，建立一个专门的知识管理组织，并持续地提升馆员的业务水平和综合素质。

除了这些，图书馆还可以增强图书馆馆员的归属感和凝聚力，构建一个健康、和谐、可持续的知识管理平台。

（二）创新知识管理方式，改变组织架构

在信息时代，创新是最重要的一环。知识管理强调"以人为中心"的思想。在当前我国公共文化建设不断加快的背景下，图书馆要想获得可持续发展，就必然要走一条知识管理的道路。此外，图书馆应该有自己的网页，让读者可以通过主页检索，找到并使用图书馆的网络资源和馆藏资源，还可以与其他网站联盟，共享网络资源。

与此同时，图书馆领导应该转变自己的领导风格，对知识管理的功能和价值有深刻的认识，以读者的意见和建议为基础，与图书馆馆员展开交流，进而对图书馆的知识管理模式和运作机制进行更好的改进。

（三）建立新型服务模式

在知识经济的时代背景下，图书馆要正视因变革而产生的新的困难、新的问题，要主动地改变自己的知识管理理念，建立一种新型的知识服务模式。随着时代的发展，图书馆应该不断地对其进行完善和改进，将其服务从被动模式转变为主动模式，还可以利用互联网将图书馆的馆藏资源展现给读者。与此同时，还可以对知识服务模式进行完善和调整，以适应用户的各种需要，建立起一个以用户需求为中心的知识资源库，从而更好地满足用户的隐性和显性需求。

图书馆要想提高自己的核心竞争力，就必须强化知识管理，而其知识管理的方式和运作机制则为其带来了崭新的发展方向。随着我国图书馆建设的不断深入，知识管理也将越来越多地应用于社会的发展之中。另外，图书馆的知识管理就是知识的共享、创新、存储和生产，它是知识的转化、传播、创造和投入的过程。

图书馆要跟上时代步伐，对自己拥有的信息和知识进行持续的运用和挖掘，建立起一种行之有效的图书馆的知识管理模式与运作机制。

五、加强对工作人员的培训

信息时代，图书馆需要加强对图书馆管理人员的培训和教育，促使他们深入了解知识管理理念的要求和内涵，加强业务学习和知识学习，不断提高自身的服务水平、职业能力，在日常工作中要有端正的态度，热情大方地为用户服务。对于藏书整理工作要尽职尽责，对于用户的咨询工作要热情、尊重，对于借阅工作要不怕麻烦，有效提高自身的文化素养，提高图书馆的总体水平和质量，提高图书馆的吸引力。

（一）提高图书馆馆员的素质

图书馆开展服务最主要的工作人员就是图书馆馆员，图书馆服务的重任就落在了他们的头上，所以要想提高图书馆的服务质量，首先应该提高服务人员的素质，也就是图书馆馆员的素质。经过调查发现，图书馆的馆员大多由参考咨询部的馆员兼任，他们除了做好本职工作外，还要负责查收查引、科技查新等占用更多工作时间的服务。还有一些图书馆的学科馆员是由馆内另外一些部门的馆员兼任，如流通部、采编部等，部分馆员是胜任不了学科服务工作的。因此，图书馆要想提高学科服务人员素质，首先要设立专门的学科服务部门，让学科馆员一心从事学科服务工作，而不是简单地由其他馆员来兼任。只有这样，才能使学科馆员集中精力地为广大读者提供优质服务。由于经济条件和技术条件的限制，一些图书馆尚不能进行全能型学科馆员的选拔，可以考虑选拔培养学科素质和学历层次较高的馆内人员。学科服务工作者应该符合以下几个任职条件。

①具备图书情报专业背景，同时具有学科专业背景。

②选拔学科馆员时，学历和职称最好都要兼顾。事实证明，只是学历高的人员，工作经验往往不足，岗位技能有所欠缺，而那些具有高职称的人员往往会由于家庭原因或职业倦怠，导致精力不足或是缺乏工作积极性，都不是合适的人选。因此，学科馆员的学历和职称两个方面都很重要。

③学科馆员的工作积极性要高，要热爱图书馆工作，做到以书为伴，以广大读者为友，具备一定的职业素质。

④学科馆员要有发现知识、挖掘知识的能力，并具有良好的沟通与交际能力，能够主动将自己的知识传授给教学和科研人员。

（二）建立科学合理的人力资源机制

图书馆人力资源方面的管理是根本性的工作，只有对员工有充分的了解，才能够实施分类指导进而掌握工作的重心。在对人力资源进行管理时，不仅要求图书馆开展人性化管理，更应该完善人员的制度化管理，因而图书馆应建立学习机制、竞争机制、激励机制等，让员工通过这一系列的制度充分发挥自身的优势，积极地完成馆内的工作，并在此基础上有所创新，各尽其能。

1. 学习机制

学习机制可以提高馆员持续学习的能力，充分调动馆员的创新意识，使馆员通过不断的学习，获取更多的知识和信息。图书馆可以通过馆内讲座、外出培训、学术报告等方式提高馆员的专业素质。图书馆不仅要使馆员认识到团队学习的重要性，促进图书馆内部的知识流通和合作，促进显性知识和隐性知识的共享，而且要鼓励馆员将个人理想与图书馆目标有机地结合起来。知识管理的关键是营造终身学习、不断创新与知识共享的氛围，促进图书馆事业的发展。

2. 竞争机制

公平的竞争机制可以激发人的主观能动性，是商品经济中最重要的经济体制。对图书馆来说，建立竞争机制同样非常重要。一些图书馆管理人员认为图书馆的工作是"铁饭碗"，因而缺乏工作的主动性和知识服务的意识，造成知识服务水平下降。图书馆应该根据每个岗位所需人员的数量，重新规划岗位，激发馆员的主动性和创新性。图书馆可以把馆员的主动学习和服务水平作为考察的标准，与升迁或奖励联系在一起，实施物质与精神的双重竞争，同时也为高层次人才提供施展才能的平台，充分发掘馆员的隐性知识，以达到知识管理的要求。

3. 激励机制

激励机制是管理者通过特定的方法和手段，将人们头脑中潜在的欲望和动机激发出来，以至于达到相对固定和规范的目标，并在实施目标的过程中依然保持着持续的积极状态，发挥潜力，达到预期的目标。

建立激励机制的前提是要有公平的竞争，要改变一些图书馆工作人员固有的消极思想，有些馆员保守地认为自己有着相当稳定的工作，按部就班地完成自己的职责，在知识服务中缺乏竞争意识和创新意识。基于知识管理的知识服务要求在思想和意识上给予馆员明确的方向，充分调动馆员的积极性。

图书馆应实施公正、公开、公平的制度，改变原有的工资、福利与职称相关的制度，鼓励馆员竞争上岗，择优聘任，使得有才能并热爱工作的馆员脱颖而出，同时也会给不积极、不思进取的馆员增加紧张感和压迫感。这样馆员的工作态度、工作效率都会有所提高，也会激励每一个人主动学习本行业的专业知识，大大地提高了知识服务的工作效率。

图书馆要将馆员的被动学习转变为主动学习，加大奖惩力度，充分尊重馆员的劳动，肯定成果，形成一种合作性的团队精神与创造性的个人兴趣并行的激励机制。

六、加强资源建设

（一）构建和谐的图书馆文化以促进知识共享

在图书馆的发展中，图书馆文化是知识管理的内在力量，文化对图书馆员个人事业的发展以及图书馆整体长远的发展都起着至关重要的作用。在图书馆文化的建设中，知识资源的交流与共享是重点，它包括三个方面：馆员内部显性知识和隐性知识的共享、图书馆工作人员和用户之间的知识传递和共享以及知识在个人和组织之间的流动。知识的交流和共享鼓励相关人员吸取不同意见，提高知识能力，增加对知识的感悟和深层次的理解，实现知识的增值。要想建立知识共享文化体制，图书馆要做到以下几点。

第一，鼓励图书馆馆员与其他人互动，将所汲取的知识资源进行整合和归纳，通过一定的传播途径传递给其他馆员，形成图书馆馆员对知识信息的共同持有，这样图书馆馆员的整体能力和业务素质都会不同程度地提高。

第二，为用户提供知识或者汲取知识提供一个良好的平台。用户可以通过网络或者面对面实时地进行交流，图书馆提供软件和硬件设备来保障知识的畅通，将知识管理充分与知识服务紧密地结合在一起，从而给图书馆文化增添新的活力。

第三，图书馆可以建立内部网上知识库、经验库，促使馆员在交流中互相学习，加快隐性知识的转移和共享。

第四，图书馆要为知识共享创造良好的环境，研讨会、学术交流会、技能培训班等形式都可以激励馆员主动增加知识储备和提高专业技能，推进图书馆文献信息资源共享工作的开展。

（二）扩展和深化知识服务内容

实力雄厚的图书馆，需要不断扩展和深化知识服务内容，以便提供针对全体读者的专门服务。但是，鉴于部分图书馆人力、物力、财力有限，想要开展和深化学科知识服务的图书馆,首先要做好和加强基础建设,例如,用户培训的开展、学科文献信息资源的开发和学科信息资源导航的建设等。其次,进一步开展学科专门服务,例如,通过主动跟踪院系的一些重大课题,为广大用户提供数据库及网络信息资源的检索知识和指导服务,还可以为用户提供更深层次的参考咨询服务,有利于他们对各种具体项目的研究等。另外,随着数字网络环境的逐步形成,图书馆还应跟上时代发展的步伐,积极开展和深化数字化学科知识服务,这对学科馆员提出了更高的要求——深化学科服务层次,以适应变化着的环境及用户需求。条件优越的图书馆要努力提供更多的增值性学科知识服务,例如,科技查新、学科导航、学科信息素养教育等。

七、提供健全有力的制度保障

制度是需要人们按照统一的法令、习俗来遵守的规则或运作模式,不同的部门和岗位由于所处环境和具体准则不同,拥有不同的制度,但是所有行业都应确立一个统一的目标,就是按照计划、要求完成所预计的工作。基于知识管理的图书馆知识服务的制度保障分为三个方面:伦理保障、政策保障、法律保障。

(一)伦理保障

图书馆伦理包括图书馆职业理念、职业精神和职业价值等问题。图书馆馆员要在图书馆工作和活动的过程中加强对自身素质的培养,树立正确的世界观、人生观和价值观,协调图书馆和个人利益,有明确的是非观和价值取向。图书馆伦理不断调节和控制馆员的行为和思想,保证基于知识管理的图书馆知识服务工作有效运行。

(二)政策保障

知识服务平台的有效运行需要完善的制度来进行规范。任何一个行业的有序发展都离不开制度的约束。在制度的保障下,图书馆工作人员通过努力将所创新的知识成功转化成产业,在此过程中所产生的一系列问题,例如,产权的归属、参与方的成果维护、转化方式的选择等问题都需要不同的政策来保障,这都需要引起图书馆的高度重视;如何有效地激励知识创新主体进行知识再生产、知识产权的保护、知识产业化过程中各个主体进入或退出机制等问题,都需要制度来进行规范。

（三）法律保障

关于图书馆的最基本的法律就是《公共图书馆法》，它作为规范图书馆活动的专门法规，是由国家机关认定或认可的，任何图书馆不得脱离法律来开展基于知识管理的知识服务。

有关图书馆的法律像一只无形的手，在国家与图书馆之间、图书馆与其他组织之间以及图书馆之间等开展活动时进行调节和掌控，保证一切活动有法可依，按部就班地完成图书馆的工作。图书馆专门法、图书馆相关法、图书馆行业自律规范、国际法共同为图书馆事业提供法律保障，保障图书馆事业健康、稳定地可持续发展。

第五章 信息时代图书馆质量管理创新

现代信息技术的快速发展,促使图书馆质量管理要以图书馆服务质量为核心,不断提高图书馆信息知识服务质量,实现图书馆的高质量管理,让图书馆庞大的知识资源被充分利用,发挥应有的社会效用。本章分为图书馆质量管理概述、图书馆质量管理的必要性、信息时代图书馆质量管理创新策略三部分。

第一节 图书馆质量管理概述

一、图书馆质量管理相关概念

(一)图书馆质量

图书馆质量是指图书馆满足和超越读者需求和期望的能力,是读者对图书馆信息产品和信息服务满足自身需要的能力的评价。具体来说,图书馆质量具有以下一些内涵。

①图书馆质量不仅包括有形的信息产品的质量,还包括无形的信息服务的质量。对一般的生产型企业来说,质量往往指产品质量;对一般的服务型企业来说,质量往往指服务质量。但是对图书馆来说,质量既涉及信息产品质量,又涉及信息服务质量,这二者既有差别,又有联系。

②图书馆质量不仅包括信息产品质量和信息服务质量,即生产和服务的结果,还包括这些结果得以实现的全部活动和过程,即图书馆的组织结构与业务流程。

③图书馆不仅要满足外部用户的需要,还要满足社会的需要。与图书馆质量相关的人员包括读者、工作人员、管理者、图书馆的供方和社会。

图书馆质量内涵的深化,使得图书馆质量不再局限于信息产品质量和信息服务质量,而是一直扩展到图书馆的流程设计、运行、组织结构、管理方式以及工作人员的质量,也就是所有事物的质量。由此,引出了图书馆全面质量管理。

（二）图书馆全面质量管理

全面质量管理（TQM）理论源于制造业，由美国质量大师阿曼德·费根堡姆（Armand Vallin Feigenbaum）提出。TQM 的核心内涵为一个组织以质量为中心，以全员参与为基础，目的在于通过让顾客满意和本组织所有成员及社会受益而达到长期成功的管理办法。TQM 理论在工商企业界使用广泛，其核心要义即以质量为中心。20 世纪 90 年代末期，TQM 理论开始走入图书馆，并引起图书馆界的关注和研究。质量管理在图书馆领域的应用主要是图书馆提供产品和服务的过程，这对于提高图书馆的服务质量和整体竞争力具有举足轻重的作用。虽然图书馆的服务和产品与实体产品相比，存在质量控制难度较大等问题，但是 TQM 理论中的要素"全员参与""顾客满意""注重长期利益"等，与图书馆的思想不谋而合，是图书馆发展过程中必要的管理工具。图书馆利用 TQM 理论可以提高图书馆质量，让更多的读者享受图书馆的服务，不断扩大读者群体，让图书馆的服务和活动更加深入人心。

图书馆质量由读者的认可程度来体现，图书馆质量的改进与提高应该以读者的服务范围为方向：由于图书馆的公益属性，图书馆在服务半径内，面向全社会的合法公民，尽可能为更多人提供图书知识和服务，甚至图书馆应该为特殊人群提供特殊的关怀服务。而这些都以图书馆质量的提高——"为读者提供更好的服务"为目的。

图书馆质量管理过程中需要获得全员的支持与参与。在图书馆行业内，主要使用的是集群管理系统。通过整合区域内所有图书馆的资源，最大范围地为区域内读者提供更加方便的服务。换句话说，区域内的图书馆主要体现的是合作关系，而不是竞争关系。图书馆间不需要竞争读者群体，不需要进行比较，主要体现的是有效沟通、合作共赢。

图书馆提供的服务和产品会直接影响读者的满意程度，从而影响图书馆的社会效益。图书馆的服务和活动对读者产生的影响，大多是无形的感受。这些感受很难进行量化，难以判断质量和效果。而读者只能直观地通过服务的过程、设备设施对图书馆进行评判。当图书馆的服务成为产品，那么同类型的产品在每一次提供时也会因为服务的人员或者来馆的时间不同产生不同的服务。当服务产生问题时，服务已经发生，难以进行补救。因此，获得读者满意与图书馆保持社会效益密不可分。

图书馆馆员为读者提供服务以后，并不会获得丰厚的收入或奖励。甚至由于服务的免费性,不能得到读者的重视,也难以单纯通过好的服务吸引读者再次进入图书馆。图书馆的获益只有通过长期的坚持,在服务和活动产生足够的影响力时,才能得到读者和社会的认可。相较于图书馆获益的不明显,读者的获益也呈现不明显的特点。一般来说,图书馆对大部分人来说,只是一个休息娱乐、感受文化、获得免费教育的地方。对社会大众而言,当读者跨入图书馆,在图书馆经历几个小时的体验,并不能感受到明显的获益,只是度过了一段不错的时光。这主要是由于阅读是一个长期的过程,短期难以获益,读者只有长期接受图书馆提供的服务和参加活动,才能有明显的获利体验。而只有少部分的人带着查阅资料的需求和具体的疑问进入图书馆,这些人可以在短时间内快速获取知识,获得明显的收益。因此,图书馆在实践中更应注重长期获益,坚持提高服务和产品的质量,才能赢得读者满意。图书馆要以全员受益为目标,根据 TQM 的"全员管理、全员受益"的指导思想,在图书馆管理过程中,不应该只关注读者需求,也应该关注馆员在服务过程中的受益效果,如馆员素质是否提升、馆员素养是否改善等。

(三)图书馆服务质量

服务是无形的,服务质量是一个抽象的概念,读者来到图书馆中的任何一个细节都会影响读者对图书馆服务质量的看法。图书馆主导服务质量评价转变为"读者感知"。从读者的角度出发,服务质量主要指读者的主观感受和体验评价,很难对此进行量化的评估和计算。因此,图书馆的服务质量可以通过读者感知的服务质量和读者期望的服务质量之间的差距来进行定量计算。由此,需要界定图书馆服务质量的属性,即从哪些方面来评估读者感知和期望的服务质量。图书馆的服务质量包括如下五方面。

1. 服务效能

图书馆最基础的工作就是满足读者的图书借阅需求,因此图书馆成为满足读者学习和研究的重要场所。现在图书馆已经不单单是开发和利用馆藏文献资源,而是引导读者最大范围地享受公共文化服务,获得文化自信。由此可见,获得最广泛的读者需求是图书馆的首要任务。图书馆针对读者群体的服务可以总结为三点,即巩固已有的读者群体、扩大读者的范围、推广图书馆的服务,吸引读者接受图书馆提供的服务。这就需要将图书馆的服务传递到读者当中并产生相应的影响力。因此,服务能否让读者获得感知,是图书馆服务质量考察的第一要素。

2. 信息资源

图书馆的信息资源主要是指图书馆的文献资源、现代化的数字资源以及由此衍生的其他信息资源。换句话说，信息资源是图书馆最基本、最传统也是最重要的一项业务工作。在信息时代，读者在图书馆最想获取的就是多元一体化的信息服务。读者对图书馆的理解不再是一个简单的文献采集、储存和协调的"藏书建设"；而是一个汇集众多资源，实现资源共享的数字平台。

3. 交流沟通

图书馆产生于读者需要，新时期图书馆要做的是作为信息时代的服务中介，有效掌握读者的需求，包括读者需要什么样的文献、读者内心希望获得怎样的服务、读者的行为需要何种帮助等，这无疑都需要图书馆加强与读者的沟通交流。通过让读者参与图书馆的活动，加强与读者的交流，一方面更充分地了解读者的需求，并与之相适应，调整图书馆的服务；另一方面，图书馆通过馆员和新媒体的服务，使读者通过各种渠道认识图书馆，改变读者对图书馆的认知，让读者认识到图书馆既是一个"书的图书馆"，更是一个"人的图书馆"。图书馆通过与读者的交流沟通，不断改善，从而具有独特的本土特色，而不是千篇一律的样式。

4. 设备设施

改革开放以来，经济的快速发展使得图书馆事业也迎来春天般的发展。图书馆不仅是人们阅读学习、获取知识的场所，也具有社会交流、情感体验、文化休闲的重要功能。图书馆的设备设施会给读者留下对图书馆的第一印象。图书馆内部配饰的舒适度，直观影响着读者对图书馆的整体感知。如今图书馆不仅仅是一个"书的图书馆"，更是一个激励学习和创造的空间。这无疑对图书馆的设施设备提出了新的要求，例如，电子计算机设备是否充足、空间格局是否令人舒适、分馆书房建设是否充足等。另外，图书馆应该成为一个多功能的交流空间，满足读者沟通和创造的需求。科学技术日新月异，先进的技术在图书馆中广泛应用。其中，计算机、自动借还书机、自助办证机等现代化设备大大增强了图书馆的服务能力，提高了馆藏资源的利用率，降低了馆员的工作量，使馆内服务更加人性化、智能化。为满足读者的需要以及建设馆内智能服务体系，图书馆还应当增加经费，以确保各个楼层均安装自助服务设备，再针对实际需要，配备饱和的硬件设备。例如，图书馆的少儿中心，人流量大，设备需求量大，可额外增加自助服务设备的数量，以满足此类人群的需要。

5. 服务人员

图书馆馆员是图书馆服务的主要提供者。馆员与读者直接接触，其职业素养直接影响社会公众对图书馆服务的评价。同时，志愿者是图书馆服务的生力军，在图书馆的服务当中展现了图书馆的服务质量，直接影响着读者的评价。目前，图书馆的服务呈现个性化、专业化、多元化的特点，图书馆馆员应依据形势提供个性化服务、学科化服务、咨询服务等。过去，图书馆馆员是图书馆的守护者。新时期，图书馆馆员和志愿者共同展现着图书馆的新时代风貌。可以说，图书馆服务人员是评价图书馆质量最核心的一环。

二、图书馆质量管理的目标

（一）打破图书馆部门间的障碍

传统图书馆按功能划分为若干个部门，分别负责整体任务的某一个方面，如采购、分类、编目等。这种部门化的长期存在很容易使不同部门的图书馆馆员形成"我们"和"你们"的区分，在考虑问题和开展工作时，不是从图书馆整体角度出发，以大局为重，而是仅仅为自己所在部门着想。此外，这种部门化的格局也使每个部门成为各自独立的小单位，在近乎封闭的环境中按自己的工作方式自行运作。这种弊端最终影响着整个图书馆任务和目标的实现。图书馆质量管理提倡团队工作，建议同部门或跨部门的人员组成质量改进团队，以共同解决运作中的问题。这样做既可以增进不同部门间图书馆馆员的相互了解，明确各自工作的重要性，又可以避免在出现问题时相互推诿。

（二）做好服务工作并满足读者需求

传统的管理方法常常以维持现状为重心，图书馆质量管理则把重心转向服务的持续改进，即使没出问题，也要不断改进。实施质量管理的图书馆不再仅仅满足于达到某一质量标准，好了还要更好。永无止境地追求更高质量，满足并超越用户不断变化的需求才是图书馆的最终目标。

（三）强化图书馆员工的自我实现意识

除了用户，图书馆馆员工也是图书馆质量管理的极大受益者。质量管理除了通过教育、培训为图书馆员工提供自我发展的机会和条件，还要求图书馆管理者给予图书馆员工充分的权利，使他们可以有效地为用户提供服务并及时解决服务中出现的问题。教育和培训所带来的素质提高，授权所激发的责任感、主动性和积极性，无疑增强了图书馆员工在不断提高服务质量的过程中获得的成就感和满足感，向自我实现迈出了最关键的一步。

三、图书馆质量管理的要素

（一）一个目标

持续改进质量应当是图书馆追求的一个永恒目标。随着环境的变化、社会的发展以及技术上的巨大突破，用户对图书馆的要求是不断变化的。可以说，读者对图书馆服务提出了越来越高的要求，他们渴望从图书馆获得更多样化、更高质量的服务。因此，图书馆应建立一种适应机制，积极对外界环境的这种变化做出反应，增强图书馆的适应能力并提高竞争力，这种机制就是持续改进。

持续改进是图书馆增强满足读者要求的能力的循环活动，它通过不断提高图书馆质量确保读者满意，同时也向社会证明了自身存在的价值。

（二）三个原则

1. 关注用户

图书馆应始终以读者为关注焦点，将理解和满足读者要求作为考虑和安排一切工作的出发点。由于读者的需求是不断变化的，图书馆不但要理解读者当前的需求，还应预测读者未来的需求，满足并争取超越读者的期望。以读者为关注焦点可建立起图书馆对读者的快速反应机制，提升读者的满意度和忠诚度，并为图书馆带来更大的效益。

2. 全员参与

人是管理活动的主体，也是管理活动的客体。人的积极性、主观能动性、创造性的充分发挥，人的素质的全面发展和提高，既是有效管理的基本前提，也是有效管理应达到的效果之一。

图书馆馆员是图书馆事业的灵魂，是图书馆之本。只有图书馆内各职能、各层次的人员充分参与，才能形成一个人人关心质量、人人为质量负责的良好环境，才能保证达到既定目标。而全员参与的核心是调动图书馆馆员的积极性，当每个人的才干得到充分发挥并能实现创新和持续改进时，图书馆的读者将会获得最大收益。

3. 协同合作

尽管图书馆按职能的不同可以划分为若干部门，但各项业务之间却都存在着直接或间接的关系。同时，任何一项业务也往往是由多名图书馆馆员共同承担的。因此，图书馆质量管理特别强调工作中的相互协调和配合，倡导不同部门或同一部门的图书馆馆员共同解决部门中或部门间存在的质量问题，做到共享责任和回报。

（三）三个支持要素

1. 领导重视

为读者提供满意的服务构成了图书馆的宗旨，图书馆服务实现及有关的活动形成了图书馆的运作方向。只有当图书馆的运作方向与图书馆的宗旨相一致时，图书馆才能实现其目标。

图书馆管理者的作用在于确立图书馆的宗旨和方向并保持其一致性，营造一种全体员工能充分参与实现图书馆目标的内部氛围和环境。因此，来自图书馆馆长及其他管理者的支持对于质量管理的实施是非常重要的。来自上层管理者的牢固承诺，是实施质量管理最重要的一步。如果没有高层领导的支持和理解，即使员工知道如何把持续改进的概念应用于对他们工作过程的分析中，改进也不可能普及。质量改进应从最高层开始，如果高层管理者对质量管理没兴趣，甚至排斥它，那么即使图书馆馆员有良好的愿望和热情，承诺提供优质服务，质量改进也不会取得完全成功。此外，高层管理者若不重视质量管理，也会给其他人员对质量不负责提供借口。

2. 加强培训

对图书馆馆员进行专业知识和有关质量管理知识、技能的培训是实施图书馆质量管理工作必不可少的一个要素。通过培训，一方面会加深图书馆馆员对改进质量、为读者提供优服务的理解和认识，为图书馆质量管理活动奠定思想基础；另一方面，有助于图书馆馆员熟练掌握质量管理活动所需要的多种方法和技巧，为持续改进提供技术支持。

3. 质量度量

度量是改进和持续改进的基础，只有明确图书馆存在的质量问题，才能制定改进的措施。作为以持续改进为目标的图书馆质量管理，不仅强调对信息产品和服务结果的评价，对业务流程的度量也被放到了同等重要的位置。只有通过这种全面的测度、控制和改进，才能保证整个图书馆管理的质量。

第二节 图书馆质量管理的必要性

一、图书馆员工素质提高的需要

图书馆质量管理是全员参加的管理活动，要求每一位员工不仅在业务工作上要掌握质量管理的新思想、新技术、新方法，而且在思想观念上要树立"质量第一，质量就是图书馆工作的灵魂"的质量意识、"用户是上帝，一切以满足用户为出发点"的服务思想、"团结协作，为共同的目标而奋斗"的团结精神，并且图书馆要以尊重员工的人格和主人翁的地位来培植员工的主人翁意识。主人翁意识会使员工自觉地、心甘情愿地为组织目标的实现而努力工作，积极主动地关心图书馆质量管理工作。同时，图书馆要重视员工的智力开发，提供教育和培训，旨在提高全体员工的素质和质量管理水平。实际上，在图书馆推行质量管理也就是不断提高员工素质的过程。

二、图书馆文献资源开发与利用的需要

图书馆推行质量管理的最终目的是充分开发和利用文献资源，有效地服务于社会，使其产生更大的社会效益和经济效益。为达到这一目的，图书馆必须全方位、多层次、积极主动地为社会和用户提供高质量的服务，这是推行质量管理贯穿始终的指导思想和根本原则。在这一指导思想和原则的推动下，图书馆一方面要积极改变目前的管理机制，强化图书馆的服务质量；另一方面，要积极争取用户、占领市场。争取用户、占领市场靠的是质量服务，以高质量的服务感化用户、吸引用户、留住用户、扩大用户。用户多了自然会推动文献资源的开发与利用，形成良性循环。

三、图书馆事业发展的需要

目前，我国图书馆事业的困境主要表现为经费短缺，尽管不少图书馆开展了一些创收活动，取得了一些效益，但仍未摆脱这种困境，主要原因还是管理问题，尤其是缺乏质量管理，缺乏一套严格的质量管理体系。图书馆尽管也在为用户、为社会提供服务，但提供文献信息服务的价值不高、针对性不强，对文献开发的深度不够，可供利用的程度不高，满足不了广大用户的需求，无法引起社会的重视和关注，没有质量，也就没有市场。

图书馆推行质量管理是以提高质量为基点，以效益为目的，放眼市场，在市场竞争中以质量求生存，以质量求发展，以质量求效益，以质量去赢得社会的重视和支持。图书馆只有引入质量管理，用质量管理的管理思想和管理技术，建立起一套适用于图书馆的管理体系，才是摆脱困境的有效措施之一。

图书馆引进质量管理符合图书馆管理实际，具有指导图书馆管理实践的作用，也是当前变革和形势发展对图书馆提出的客观要求，是图书馆管理的实际需要。在图书馆推行质量管理也是图书馆管理的一场深刻变革，它将使图书馆的管理思想、管理作风、管理内容、管理方法及整个管理组织发生深刻的变化，将有利于图书馆管理和图书馆事业朝着科学化、合理化、现代化等方向发展。

第三节 信息时代图书馆质量管理创新策略

一、图书馆健康服务管理理念创新

一项服务的顺利开展离不开相关服务意识的树立，但意识的树立不是一朝一夕的事情。图书馆的管理者是人，服务的对象也是人，管理者思想观念的转变仅仅依靠个别组织或个人自我感悟是不够的，还需要整个社会观念的转变。因此，笔者结合协同论、多中心治理理论以及国外图书馆健康服务合作模式运行经验，从政府主导、社会需求驱动、行业协会引领以及与新技术融合的角度帮助图书馆树立健康服务意识，深化图书馆对健康服务合作的认识，为健康服务合作提供政策法律支持。

（一）政府主导

图书馆作为重要的公共设施，其在健康文化建设、健康教育、健康知识宣传、健康空间打造等方面具有不可忽视的重要作用。但图书馆不是实行健康服务的法定主体，这使得政府在对当地健康服务进行统筹规划时难免忽视包括图书馆在内的一些非医疗组织的作用。根据协同论，社会作为一个大系统，实现社会共享的高质量健康服务这一功能，离不开社会各组织部门的通力配合、协同合作。因而政府管理层首先要明确实现高质量健康服务的供给需要社会各方的参与，政府要在社会营造图书馆参与健康服务的宏观政策环境。此外，政策法规的支持不应只是宏观性指导意见，还应包括具体的实施细则与方案。

（二）社会需求驱动

健康需求的复杂化、多样化需要健康服务供给多层次化、多元化。医疗机构是实现健康服务供给的主要力量，但其他社会组织尤其是图书馆同样有义务参与健康服务的供给，减轻医疗机构的压力。国内图书馆应向国外图书馆那样将自身看作为社区居民谋福祉的机构，而不仅仅是一个文化信息机构。

用户的信任是图书馆合作提供健康服务的动力，也是图书馆寻求合适的合作伙伴、提高健康服务质量的重要影响因素。如医疗机构可以向前来就诊的患者或家属推荐与患者病情相关的图书馆文献信息资料以及与图书馆合作开展义诊、体检等活动。在建设健康文化，宣传健康文明生活方式时，有关部门可考虑将图书馆列入本部门健康文化建设的战略规划。用户主动寻求图书馆在健康服务方面的帮助时，图书馆可将这些健康问题进行汇总，根据这些问题与当地相关机构搭建一个健康交流平台。

（三）行业协会引领

图书馆行业协会对于图书馆合作开展健康服务事业具有引领作用。图书馆行业协会应将国家有关全民健康的政策信息以及国际图书馆行业组织有关健康服务的信息整合起来，为协会的成员馆在制定本馆发展战略时提供参考。图书馆行业协会还应定期或不定期举行图书馆健康服务合作实践案例分享会或者图书馆健康服务合作模式研究成果学术研讨会，为各成员馆提供交流机会，使得各图书馆逐渐确立起合作提供健康服务的意识。图书馆行业协会还可为图书馆健康服务合作制定合适的章程或工作指南，减少图书馆健康服务合作中的壁垒，帮助图书馆更好地开展健康服务合作实践。此外，图书馆行业协会本身也可作为图书馆与其他社会组织沟通交流的平台，帮助图书馆快速找到相匹配的健康服务合作对象。

（四）与新技术融合

图书馆在合作提供健康服务时，不仅要借助新媒体技术实现服务宣传推广，或者是共建数据库，而且应在"互联网+"的背景下，积极利用本馆的智力资源与合作对象进行合作。如美国国家医学图书馆与塞斯达医院合作的患者跟踪和定位系统研究项目，图书馆负责对系统进行开发和测试，该系统可为灾后搜寻技术提供技术支持。这个系统中的一些程序可以直接下载到手机中，可以与Google相连，帮助人们搜索红十字会等救援组织的紧急避难地点。

国内图书馆可以效仿国外图书馆的做法，创建针对国内特大灾害的救援信息平台。而且国内图书馆可以根据自身的能力与高德地图、百度地图等一些人们日常生活用到的手机软件商就城市防灾、紧急救援等方面展开合作；图书馆行业协会可以倡导图书馆在不违反法律的情况下，与政府部门共同搭建一个用户信息共享平台或者当地建筑地形信息共享平台，帮助政府在城市乡村特大灾害中快速进行救援。

二、图书馆产品质量管理创新

产品是具有一定使用价值和满足某些需求的商品或服务，并非任何产品都能带来经济利益，首先，它必须满足一定的需求，只有满足需求才会被接受，才会有价值交换。对图书馆而言，图书馆的产品包含有形产品和无形产品。有形产品包含图书馆的各类信息产品，包括图书资料、期刊报纸、电子资源以及经过二次开发的二次文献、三次文献等；无形产品包括图书馆的各类信息服务、整体形象、品牌价值等。从市场角度划分，图书馆的产品包含五个层次：一是核心产品，是图书馆最基础的服务，包括为用户收集、梳理和分析信息和知识的过程；二是形式产品，一般是指图书馆的馆藏资源，其中包含纸质图书资源和虚拟电子资源；三是期望产品，一般是指人性化服务，即用户来到图书馆后，除获得所需的信息知识外，还附加享受了如准确简明的引导、舒适的等候环境等人性化服务；四是增值产品，是指图书馆以馆藏资源为基础，通过对现有文献进行二次加工或三次加工，形成的新的有价值的信息产品；五是潜在产品，用户通过接受图书馆的产品和服务，不断丰富自身的知识积累，有效提高个人文化修养。

（一）以读者需求为导向

信息资源是否丰富、读者的需求能否被满足是衡量一个图书馆是否具有优势和竞争力的重要指标之一，图书馆应以读者的需求为导向，重构资源建设的渠道与模式。不同的读者有不同的需求，儿童有童趣的需求，青少年有学科知识以及课外读物的需求，普通民众有大众娱乐化的需求，科研人员有专业化的需求，读者的需求呈现多样性。

图书馆要想开展高效的品牌推广活动，首先就应该在对该项业务面向的目标读者兴趣与需要的细分调查的基础上，设计符合目标用户的实际情况和潜在需要的业务内容，并分析目标用户的年龄、学历、行业等基础信息。服务不仅必须符合读者对本馆服务的核心要求，还必须有较强的识别度，从而区别于其他图书馆。产品营销策略要求图书馆随时根据读者不同的需求调整供给情况，达到读者满意的目的。例如，图书馆应该定期通过问卷调查、现场访问、定期回访会员用户等不同渠道，以达到准确了解用户需求的目的，并且有时效性地针对用户需求调整采购纸质图书和电子资源的方案，使调查结果能真正应用于图书馆的管理当中。

图书馆可以建立一种直接面向读者的资源荐购体系，为读者提供文献荐购的咨询服务。图书馆通过建设资源荐购体系，可以让读者直接参与到图书馆的资源荐购中。同时，也能够降低图书馆在资源购买中的盲目性，让图书馆的资源购买活动更具针对性，以提升图书馆馆藏资料的品质，还能够提升采购经费的运用效率，让图书馆在经费相对有限的状况下，更好地满足用户的信息需要。

（二）提供多层次、多元化的产品

随着经济社会的高速发展，图书馆事业也在不断发展，为公众提供的信息业务也在扩大。

首先，为适应经济社会的发展和市场竞争环境的改变，图书馆应针对信息多样化的特征，对信息资料实行深层次、全方位、多样化的加工与研究，并针对图书馆的特色，把馆藏文献按主题、专题等加以重新组合、整序，并研制出图书馆自身系列化的信息产品，以适应读者对多元化信息的需要。同时，图书馆必须定期开发一些创新产品和服务，以满足市场新环境的改变和用户信息需要的转变。在开发新产品时，图书馆必须提前开展调研，了解信息市场需求，开发出适应市场的不同阶段、不同深度的信息服务产品，适应用户的不同需要，以应对日趋活跃的信息市场。

其次，政务资讯是官方权威性的资讯，对使用者的工作和日常生活有着很大的参考价值，图书馆可与省市档案局等单位协作，为使用者提供全方位、系统的政策资讯服务，增强本馆的吸引力。同时，通过召开展览、演讲、学术研讨会以及培训班和专题讲座提升馆内信息的透明度和民众的知识水准，通过举办纪念礼仪性活动以及读书评书、评选杰出读者等社会公益活动，增加图书馆和读者交流和互动的机会，让图书馆真正变成多元文化的信息中心，而通过举办多样化活动的方式提供优质服务，逐步形成图书馆的声誉、口碑也有助于树立本馆品牌。

（三）挖掘图书馆特色文化资源

通常来说，良好的品牌流量变现能力比较强。图书馆拥有丰富的文献信息，公众一直信任和认可图书馆的文化资源，因此图书馆拥有天然优势打造文创品牌。

图书馆需要找到与旅游业的相通之处，明确文创品牌的打造方向，制定科学的宣传策略，以更加富有趣味性的形式展现中华优秀文化，吸引公众的注意力。

首先，图书馆的馆藏资源、价值观等内容都属于品牌标识的主要内容。在打造文创品牌的过程中，图书馆应结合自身制定的目标以及读者多元化的需求，明确自身定位，不断展现图书馆的个性。一个具有特色的名称和设计形象可以扩大文创品牌的宣传范围，内容丰富的故事线可以更好地与群众产生共鸣，让读者对图书馆打造的文创品牌产生更加深刻的印象。

其次，图书馆需要充分挖掘馆藏资源和地方特色，利用古代典籍元素以及近现代典藏特色和地域特色，不断研发关联度比较高的文创产品，使生产出的文创产品展现出统一的文化价值，更好地发挥品牌效应。

最后，图书馆可以向公众推广具有纪念和收藏意义的文创产品，也可以推广文化体验类产品，以多种方式展现文创品牌特色。实物文创产品有利于增加游客量，更容易吸引读者关注，体验类文创产品为销售实物文创产品提供动力。

三、图书馆信息资源质量管理创新

（一）甄选优质图书

人类文化的发展过程凝聚在一本本的文献资源当中。图书馆的读者是社会大众，丰富的馆藏文献为图书馆进行社会教育提供了海量的文献资源。信息时代，越来越丰富的文献类型和检索方式，使得读者获取信息资源的方式变得多元化，如何实现文献信息资源与读者需求之间的平衡是新时期读者服务的重中之重。

1. 立以读者需求为导向的信息资源服务体系

通过各大权威榜单、书目推荐、读者微信及网站荐购、书商线上馆配会等渠道，从中挑选适合馆藏的书目满足基本入藏保障，并以读者需求驱动采购模式的优化，最大限度地及时、精准地满足读者对文献资源的需求。加大力度利用"网络飞书""读者约书""读者荐书"等服务了解读者需求。在图书采选上，增加利用率较高的图书采买量，减少利用率不高的图书采买量，调整馆藏结构，优化资源布局。同时，图书馆应该提高对信息变化的敏锐度，加强采买的针对性和主动性，及时抓住热点需求，甄选优质好书，加强宣传，最大限度地满足读者需求。

2. 挖掘和推荐其他优质文献

文献资源的供给不应该是简单地适应读者需求。在无法满足读者文献供给需求的客观现实下，图书馆应该积极主动地引导读者充分利用图书馆的其他优质文献，使所有的信息资源得到最大限度的利用。图书馆现有的很多文献资源长期搁置在书架上，即使一年也不曾被人们翻阅，还有一些电子文献更是无人问津，多年没有下载量和点击量。图书馆通过对读者的启发，使得读者可以灵活运用图书馆的资源，加大对信息资源的开发利用，特别是图书馆现存的特色馆藏，培养读者对典籍的热爱和兴趣，对文化的传承和文献的传递都有重要的意义。

（二）加强数字资源的建设

随着信息时代的快速发展，人们的阅读方式、阅读媒介也产生了深刻变化。信息时代背景下，数字化阅读进入了飞速发展的时代。数字资源体量庞大，云计算、大数据、5G技术的运用，为图书馆数字资源建设和信息保障提供了新的机遇。而日益增长的读者需求，对图书馆数字资源建设水平提出了新的要求。

信息时代要加强数字资源建设，一方面要加强新老介质的融合。通过对文献资源的多媒体转换，使得纸质媒介整合成各类数字化的文本资料、音频资料、图像资料等，让不同载体形式之间凝聚合力，凸显优势，提高资源的可用性。在读者阅读需求相同时，可以为其提供多种载体的信息资料，满足人们的不同需求，而且可以满足多人同时使用同一文献资源的需求。通过这样大量文献资源的数字化，融合纸质文献与数字资源的优势，能够最大限度地建立海量的信息资源库，实现信息资源的深度挖掘，提高信息资源的使用率和利用率。

另一方面要加强数字图书馆建设。数字图书馆建设中需要把握两点：第一，完善数字资源服务平台，坚持数字资源的可持续更新。数字资源的使用效果由服务平台的质量所决定。只有不断挖掘资源，与时俱进，使不同的资源不断融合，重构资源形态，形成信息资源的网络结构，才能使数字资源便于检索，符合大众的需求，提升数字资源的服务能力。第二，加强电子检索的阅读推荐。在数字资源无法满足读者需求的情况下，图书馆可以通过相关推荐，让数字资源与读者产生良性互动。这样可以有效解决读者不知道看什么书，或者不知道什么资源可以代替自己所需资源的问题，能够扩大读者的阅读范围，从而解决同类型图书借阅量过大无法满足读者需求的问题。

四、图书馆区域协调发展的创新

从图书馆基本职能的角度看，图书馆担负着传递科学情报的重要职责，服务于所在区域的科学、教育、文化、企业等创新主体，通过直接提供信息服务，促进区域创新能力的提升；在社会教育方面，图书馆为区域公众提供知识教育、技能培训等,是区域内公众学习的重要场所之一,以间接优化区域人力资本的方式促进区域创新能力提升。

从知识管理的角度看,创新方式有两种:一种是由区域内的创新主体自身积累的知识进行创新;另一种是通过知识流动积累外部知识进行创新。图书馆是保存和传播人类文化科学知识的重要场地,是区域内自身知识创新的主体之一。同时,图书馆在知识流动与知识创造的环节起重要的纽带作用。

从知识的划分种类看,知识有显性知识和隐性知识两种。区域创新是区域内的创新主体的一种知识密集型活动,而且这种创新活动主要是基于隐性知识。区域内的图书馆不仅有文献支撑的显性知识共享,还有培训、讲座、展览等活动支撑的隐性知识共享。

从宏观方面看,区域创新活动离不开创新基础设施,而创新基础设施包括教育类基础设施、信息保障基础设施等。图书馆是肩负社会教育、信息服务等职能的文化基础设施之一。同时,图书馆还担任区域内的历史、特色文化典籍的组织工作,能为地区资源规划、环境发展等提供特色信息服务。

区域创新能力的提升促进了图书馆服务功能的优化升级,扩大了文化服务范围,提升了图书馆服务效能。随着区域创新能力的提升,政府会不断强化创新环境建设,图书馆作为涵养创新环境的重要载体,将会获得更多的财政投入,有利于图书馆加强建设,尤其是智慧图书馆建设需要大量的财政投入,从而提高了图书馆信息化、数字化水平。区域创新能力提升后,将产生很多新的创新研究成果,甚至新技术。如果将这些新成果或技术应用于图书馆,可以提高图书馆当下的服务效能。例如,智慧图书馆建设,基于无线射频识别技术的自助借还,不仅很大程度上减少了图书馆馆员的工作量,更重要的是有效提高了图书馆的服务效率。区域创新能力的提升有利于激发区域内的个人和群体组织对知识的渴望、对创新信息的需求以及创新思维的形成,进而扩大现有图书馆的服务群体,有利于图书馆创造更大的社会价值;区域创新能力的提升有利于图书馆管理机制、体制改革,促进服务创新升级,催生了一些全新的、以读者为中心的文化服务产品,提高了馆藏资源的创造性转化和创新性发展潜力,进一步提高了图书馆服务的实效性和适用性。

总之,图书馆发展为区域创新提供文献、知识、环境支撑,区域创新发展对图书馆发展提出新的要求,促进图书馆服务效能升级,推动图书馆高质量发展。两者相互作用,彼此影响,研究它们的耦合协调,有助于全面、客观地了解二者关系,促进它们形成高质量发展的合力。

从图书馆层面看，图书馆实现高质量发展，必须依靠创新引领。要想实现图书馆发展与区域创新的耦合协调，图书馆可以采取如下几个措施。

①加强图书馆的协同发展。不管是图书馆的发展水平，还是其与区域创新的耦合协调度，不同省份之间、不同区域之间都存在发展的差异性，而且有差异扩大趋势。原因可能是经济实力不同、地理位置不同等，但是图书馆在地区文化服务体系建设中起到重要带动作用。因此，需要加强省内外不同地区、不同等级的图书馆协同发展，尤其是贫困地区图书馆，不仅要积极应对信息化、网络化带来的挑战，更需要通过网络化、社区化、便捷化等服务手段推进服务的均等化、普及化、个性化，进而实现图书馆均衡化发展，全面提高公民文化素养，培育创新文化。

②加强全行业的交流与合作。图书馆进行功能延伸的变革与服务的拓展，要以服务对象的需求为导向。及时、准确、全面地掌握服务对象的需求，加强全行业的交流与合作是最直接的方法。首先，加强与行业内图书馆、科研机构、情报机构等机构的广泛交流与合作，增强图书馆行业凝聚力。其次，加强和博物馆、文化馆等其他文化服务机构的资源共享，建立健全与其他行业资源互补、合作共赢的合作范式，以满足区域内不断升级的个性化需求。

③利用现代信息技术，推动资源的数字化、共享化，实现服务的个性化、智能化。信息化程度会对图书馆发展与区域创新的耦合协调度产生显著负向影响，图书馆作为地区的文献信息中心、知识交流与传播中心，更应直面信息化带来的挑战，充分利用互联网、大数据等信息化手段，加强资源利用，提升服务效能。这样不仅能在一定程度上提高图书馆资源配置及发展水平，还能加强图书馆内部、外部以及周边关系的联系与合作，扩大服务辐射范围，促进开放创新体系的形成。

④立足地方经济社会文化建设，打造图书馆特色服务品牌。图书馆评估在原有基础上新增了地方特色文献的组织工作作为评价指标。因此，图书馆建立独具特色的服务品牌，必须融合地区经济社会建设，根据所在区域特色，对不同的支柱产业、不同的地域文化、不同的历史渊源、不同的人口结构等开展信息咨询与查询服务，因地制宜地举办区域相关的各种政治类、经济类、文化类交流与展览、阅读推广等特色活动，建立并完善区域性特色数字资源体系。这样既能更好地继承、保护与发展地区传统特色文化，又能推动地区文化甚至经济的繁荣。

五、图书馆与读者有效联系的管理创新

（一）引导读者参与图书馆的活动

图书馆质量管理始终坚持"以文化人、以文育人"，可以说，读者对图书馆的质量需求就是提供满足他们精神需求的产品和服务。信息时代，人们既需要线上快捷、优质的产品服务，也需要线下"沉浸式阅读""场景式体验"。图书馆为读者提供的除了书籍以外，更重要的是一种服务，一种场景下的文化平台，即场景中的氛围、感受、体验，这是一种文化的互动交流和文化的延续传播。因此，图书馆应该根据社会公众需求，精心策划以馆藏资源为基础的各种形式的文学沙龙、音乐美术鉴赏会、电影放映活动等，提供形式多样的读者活动，以满足社会公众对文化的欣赏和对休闲娱乐的需求。

第一，应该强化与读者和媒体的联系，让图书馆的活动最大限度地深入人心。图书馆活动的普惠性与读者难以建立起联系，简单的公众号推广难以使活动深入人心，难以产生应有的社会效应。所以图书馆应该积极利用社会化媒体和传统媒体进行广泛的宣传。例如，利用博客、微博等互联网交互平台，让读者不再被动地接受信息，而是可以积极地参与发现，提高活动的参与性、趣味性。同时，通过传统媒体加强报道，提高活动的真实性和深入性，形成口碑效应。

第二，应该建立稳定长期的活动机制。虽然图书馆的阅读推广活动内容丰富、形式多样，但是活动之间缺乏连续性，难以引导读者参与到全部的活动中。应该把阅读推广活动作为图书馆的一项基本服务机制，实现阅读推广活动的常态化。图书馆可以打造具有当地文化特色的服务品牌，并建立长期的活动机制，通过读者对地域本身的偏爱情感，吸引本地的读者积极参与到图书馆的活动中。

第三，应该延伸服务功能。图书馆应不再局限于有限的空间，不被局限于已有的服务内容。图书馆应以读者需求为导向，让图书馆馆员走出图书馆，积极进行活动和服务的开展以及回访工作，并利用统计学，分析读者特点，运用服务数据，使得读者与图书馆之间建立有效连接，提高活动的供给质量，吸引读者广泛参与。

（二）加强线上活动的建设与推广

信息时代，无论是知识的传播载体还是信息的传播方式都与之前的纸质媒体迥然不同，可以说我们已经进入了"读屏时代"。过去的阅读主要是通过读书、看报纸的方式进行，今天则是通过互动、多维的新媒体电子阅读来实现。可以说，线上阅读推广服务更适应信息时代读者的阅读需求，利用多媒体服务直观性强、

交互性强等特点，各种电子读物、有声阅读成为传统阅读的有益补充，为人们提供了一场可听、可看、可读、可互动的线上盛宴。另外，在线下活动难以顺利开展的时候，推动线上阅读活动的深入进行，实现图书馆阅读推广服务的转型升级是信息时代图书馆服务的必然选择。

加强线上活动建设，首先就要使建设内容紧跟时政热点。图书馆作为弘扬先进文化的主阵地，把握思想之舵，传播社会正能量，是图书馆的社会责任。利用线上服务平台传播速度快、转发能力强的特点，以时政热点为契机，进行信息推送和活动展开，传播社会正能量，对提高图书馆的服务水平和实现图书馆的教育使命都有积极作用。

其次，注重提升线上活动内容的互动性。当前社会大众对阅读的需求主要表现在精神层面，是对快节奏生活的休闲娱乐，注重过程的参与度和体验感是提升读者兴趣和关注度的有效途径。图书馆应通过对呈现方式、参与途径进行创新，利用互动交流的方式让更多的人参与到活动中，并以此为契机，收集民众的需求和建议，以提升公共文化服务水平。

最后，拓宽线上活动的推广途径。目前，人们花在线上的时间远高于读书的时间。单一的平台宣传并不能使图书馆的服务得到最大化体现，图书馆应利用线上资源可以进行转发和链接的特点，与其他新媒体平台进行合作，建立多样化的传播渠道；利用生活中网络无处不在的特点，突破时间、空间的束缚，协调各方关系，通过开设其他平台账号或者互相推广的方式，多平台宣传推广，让惠及民众的公共文化服务以多种形式与读者产生联系。

六、图书馆服务质量管理创新

（一）建立服务质量管理体系

首先，建立一个科学、合理的服务质量管理制度，基于各部门的职责与服务对象，建立相应的服务流程图，让不同岗位的馆员都可以明确自己的工作范围，明晰本馆的服务规范以引导馆员顺利地开展工作。

其次，图书馆应搭建馆内交流平台，包括电子邮箱、官方网站、意见箱、官方微博、微信等；同时，制定有效反馈制度，当获取用户的建议之后，图书馆应适时对用户的建议进行信息反馈，以主动积极的态度处理问题，并以此取得公众对本馆服务的认同。图书馆通过对本馆服务进行质量评估，能够及时发现本馆在实际过程中出现的问题与缺陷，并进行适当的调整完善，以满足读者的需求，以便于提高本馆服务质量，提高用户忠诚度。

（二）优化图书馆空间布局

图书馆能否有效地覆盖周围大多数地区，其空间分布和可达性直接影响到图书馆的整体功能。在图书馆总分馆的地域覆盖方面，可以通过划定用户到达图书馆的最远距离的标准，确定向周边提供服务的地理半径，从而确定总分馆数量。在图书馆总分馆的人口覆盖方面，可以确定多少人口必须建立一个图书馆或一座图书馆的建筑规模、馆藏资源规模对应服务多少人口等。若图书馆的地理分布未经合理规划，即使区域内存在多个图书馆，但由于其地理位置分布不够优化，仍然需要补充建设若干个新的网点才能实现区域全覆盖，这样难免会造成资源浪费。

从便利性角度来说，图书馆周边还应建设有便捷的公共交通网络，并根据读者的主要来访方式进行更为细致的规划。有条件的图书馆可以尽量布局在附近建设有地铁线路，人流量集中，以及周边教育、商业、饮食等各种公共配套设施完备发达的地区，借助交通便利的优势，满足大部分读者的需要。或者也可在馆舍周围开通定制接驳公交线路，为读者提供"点对点"的出行服务保障。此外，还可设定共享单车投放点，应对公交衔接问题，解决读者"最初一公里"和"最后一公里"的出行难题。

（三）深耕图书馆文化特色

图书馆打造独特的品牌更容易引起公众的关注。图书馆可以结合自身地域、文化特色以及当地读者多元化的需求，明确自身定位，多方位展现自身的文化价值，打造特色文化品牌。图书馆在发掘自身特色时，不仅可以利用馆藏的古代典籍元素，也可以利用近现代典藏以及地域或建筑特点以求更好地与群众产生共鸣。

图书馆可以通过推出与本馆关联度较高的，具有纪念和收藏价值的文创产品来推广自身的文化品牌，也可以设计开展文化体验类活动，以多种方式展现自身的文创品牌特色。同时也不能忽略品牌宣传工作，图书馆可以借助公众、自媒体的力量进行宣传，也可以扩大经营范围开设线上网店进行口碑传播，以多种形式加深品牌在读者心目中的形象。

（四）提升读者文明素质

信息时代，图书馆质量管理创新要开展读者教育。图书馆可编写并发放"图书馆使用指南"，放置在图书馆入口的显眼区域，供读者自助取阅。指南除向读者介绍图书馆基本的空间布局、资源建设概况和检索软件使用方法等方面的知识外，还要向读者详细阐明图书馆的各项规章制度和违禁行为。除此之外，图书馆还可以通过在微信公众号发布推送，举办公益讲座、参观学习等活动，把读者的文明阅读礼仪融入入馆教育，对新入馆读者进行文明阅览教育，培养其利用图书馆的好习惯，提升图书馆读者的整体文明素质。

信息时代，图书馆质量管理创新还要加强监管力度。图书馆可在一定范围内安装智能噪声感知设备及提醒装置，在感应到噪声时提醒读者保持安静，营造安宁舒适的阅读氛围；对图书馆的一线工作人员进行业务培训，使其加强对入馆读者的监督和引导，及时发现并制止读者在阅读过程中会影响他人的不文明行为，对不听劝解、屡教不改的读者进行适当的批评和教育；开辟专门的少儿阅读区域，通过合理的规划与设计，为少儿提供良好的课外学习环境，特定的阅读空间既有助于激发少儿求知和探索的天性，助其形成良好的阅读习惯，也可以还成人读者一个和谐、安静、稳定的阅读环境。

七、图书馆线上线下渠道创新

信息时代，图书馆和公众之间存在着时间与空间上的距离，图书馆业务只能借助一定的途径，在恰当的时机、恰当的场所将使用者所需的产品和服务正确地传达。假如缺少一条成功的途径，不管图书馆的产品和服务可以达到什么程度，都不能实现社会效益。所以，图书馆必须构建一条顺畅、高效的服务路径，让使用者可以从中享受到图书馆的公共服务产品。而由于新一代信息技术的发展，现如今的渠道又可以分成线下渠道和线上渠道两种。

（一）线下渠道

线下渠道，简称实体渠道，指图书馆利用其实体的硬件设施为读者提供信息资源共享服务。正是通过线下渠道，图书馆才能够真正为读者提供全面咨询服务，能真正展现图书馆的产品质量、服务水平。

首先，图书馆要想提升线下渠道的使用率，必须在充分考虑使用者的实际需要的基础上，科学布局场馆环境，以保证固定的开馆时限，让使用者接受并适应该使用渠道。

其次，图书馆应设立分馆制度和流动图书馆。分馆制度是现在图书馆的另一个重要发展方式，因为分馆通常与总馆存在着一定的合作关系，共同占有总馆的一些藏书资料，又因为分馆通常都建在人流密集的公共区域或是商业住宅内部，对用户而言也相对方便，所以更多用户开始借助分馆制度来获得图书馆提供的服务。而随着分馆制度的进一步完善，为了拓宽图书馆的业务途径，在基础设施等硬件环境许可的情况下，图书馆能够走进商业、住宅等业务范围，设立更多的分馆。同时设置一些流动图书馆，这是信息时代背景下图书馆的一种新模式，是图书馆拓展业务途径的一个方法。利用流动图书馆进行送书上门活动，拓宽了图书馆的业务范围，提高了图书馆的社会效益。

最后，图书馆还应当采取全方位、多元化的营销渠道，合理使用馆内空间，并利用广告牌、条幅、宣传海报等各类宣传资料开展推进传播工作。此外，图书馆还应与火车站，公交车企业，城市轨道交通企业，报纸、广播电视台等单位联合，进一步拓宽传播推广渠道。

（二）线上渠道

通过网络媒体和自媒体开展推广活动，是信息时代图书馆中较常见的推广形式，如官网、微信、微博、短视频等。品牌营销本质上是资讯传播和反馈的系统，因此可以高效地利用线上或线下平台与读者相互沟通、获取反馈意见以及进行相应的资讯咨询和问题引导。

1. 拓展服务方式，延伸服务时间

信息时代下，图书馆也应该紧跟时代发展步伐，力求超越时间、空间的限制，积极拓展服务方式、优化服务路径。图书馆应充分利用图书馆官方网站、微信公众号、QQ 群、微博等线上平台，加强网站和平台内容的更新与维护，实现线上线下良性协同发展。同时，加大图书馆在线资源的宣传力度，提高线上资源利用效率，让更多的读者了解并熟知馆内的各项活动计划，充分调动读者积极性。在现实条件允许的情况下，图书馆应最大限度地延长开放时间，或者开设 24 小时自助借阅区域，满足因上班或其他原因无法到馆享用资源和服务的读者。

2. 聚合传统服务与数字化服务方式的统筹联动

随着互联网、大数据及云计算等各项技术的发展，图书馆的服务供给方式也随之发生了变化。利用新技术、新算法，为用户提供更加精准、高效且个性化的数字化服务越来越成为图书馆服务的重点。如利用数据分析系统，可以对读者的阅读偏好进行分析，这样不仅能够为图书资源的采购提供参考，也能够更加有针对性地为读者提供私人化服务；还可通过微信公众平台实时向读者推送特色信息，根据不同读者的阅读喜好，开展专题活动等。诸多新型线上服务模式拓宽了图书馆与用户之间的沟通渠道，也极大地丰富了用户的文化体验。新形势下，更加不容忽视的是传统服务方式在图书馆服务体系中仍具有不可替代性，纸质文献资源依旧是人们获取知识时的首要选择。因此，越是在这样的背景下，图书馆越要充分利用互联网新技术，融合各项服务方式的优势，高效推动传统服务与数字化服务并重、共进及协同式发展，形成点、线、面式的服务路径，全面促进图书馆服务质量良效发展。

3. 宣传图书馆的服务资源

图书馆可借助官方网站，将本馆的业务政策、服务资讯、馆藏资料简介、举办预告活动等资讯对外发布，更全面地宣传本馆的服务资源。官方网站具有受众广、宣传成本低、没有区域和时段上的局限性等优点，可以起到不错的推广作用，并且能够快速精准地收集用户的实际需要信息，并适时调整和完善图书馆的业务方针。抖音、快手、微博、微信公众号等新兴的媒介平台在营销推广上都具备一定资源流量优势，因此线上图书馆能够直接与用户进行信息交流沟通，在平台上也能够通过亲民且适合互联网特征的话语与用户进行交流沟通，答疑解惑。在全面掌握用户需求的情况下，针对用户的特点，精细化地把图书馆的产品和服务利用网络平台传递至用户的手中，加深其对图书馆的认识。

第六章 信息时代图书馆人力资源管理创新

人力资源是图书馆最重要的资源之一，虽然图书馆包括了馆藏、馆舍、空间、技术、设备和人员等众多要素，但人在其中起着重要的作用，是图书馆发展的关键因素。本章分为图书馆人力资源管理概述、图书馆人力资源管理的必要性、信息时代图书馆人力资源管理创新策略三部分。

第一节 图书馆人力资源管理概述

一、图书馆人力资源管理的概念

人力资源管理有宏观和微观两种解释。宏观人力资源管理主要是指针对一个国家或地区来说，采用各种切实有效的手段，充分挖掘人力资源的潜力，提高劳动力的质量，优化劳动力的结构，改善劳动力的组织和管理，以便使劳动力与生产资料的结合处于最佳状态。而微观人力资源管理主要是对某个用人组织而言，管理者在进行选人、育人、用人和留人等方面的工作时所需要使用的概念和技术的总和，它主要包括工作分析、人员选拔、配置、培训、工作绩效评估、报酬与激励、维护人力资源管理的社会环境等方面的内容，是一种系统化的管理体系。

对于图书馆人力资源管理的理解有广义和狭义两种观点。广义的图书馆人力资源管理，就是对图书馆馆员的管理。狭义的图书馆人力资源管理，是指由人事管理发展而来的人力资源管理，从馆员的招聘、录用、培训、绩效管理、职业生涯管理等环节对人力资源进行的管理。在我国，图书馆人力资源管理的重点应放在人力资源的获取和使用上。

二、图书馆人力资源管理的内涵

人力资源管理是在合理制定人力资源规划的基础上，运用现代管理方法，不断提高员工素质，促进组织岗位与员工的合理匹配，激发员工的积极性，确保组织目标的实现。而人力资源管理优化则是一项与时俱进的活动，需要通过优化环境、改善手段、良性竞争的方式，不断更新人力资源管理理念，优化组织、配置、培训、激励等要素，使各类人才做到人尽其才，才尽其用，最大限度地提高人力资源的投入产出率。人力资源管理作为一种先进的管理活动，已经被图书馆广泛认可和采用，成为图书馆管理必不可少的一环。就图书馆人力资源管理而言，馆员是图书馆最重要的资源之一，做好图书馆选人、育人、用人工作，构建公平、公正、公开的激励机制，营造积极、开放、创新的工作环境，是建设服务一流、设备一流、管理一流的现代图书馆的首要条件。在人力资源管理理念引入图书馆进行理论创新和实践的过程中，取得了大量的研究成果，人性化的管理模式、个性化的培养体系、多样化的激励机制在众多图书馆中得到了应用，对提升图书馆现代化管理水平起到了不可磨灭的作用。

随着信息时代的到来，图书馆迎来了新的转型机会，充分利用图书馆资源更好地支撑学科建设成为重中之重。图书馆围绕学科服务这个中心，在资源、环境、制度、人才、设备和服务等方面重新进行战略安排。图书馆提供高质量的学科知识服务，服务是图书馆贯彻始终的主题，创建优质高效的服务体系、提供精准深层次的服务是图书馆的战略目标，而提供"高效、精准、深层"的服务离不开一流的馆员队伍，馆员是做好图书馆服务的基础和前提，是提供一流服务的核心要素，是发展其他要素的基础，在图书馆服务建设过程中处于核心地位。打造一支一流的馆员队伍，优化图书馆人力资源管理是信息化背景下图书馆的战略核心，也是其内涵所在。由此，在信息化背景下，图书馆人力资源管理优化要围绕学科服务这个中心，更新理念、组织、培训、激励等管理要素，组建一支服务意识强、服务素质高、服务水平一流的馆员队伍，使其能最大效用地综合利用经费、制度、资源、空间环境、技术设备、时间等要素为图书馆学科建设提供一流的服务。

三、图书馆人力资源管理的内容

图书馆人力资源管理包括人力资源规划、人力资源工作分析、馆员管理、绩效管理等方面。图书馆应通过对人力资源的信息管理、招聘、调配、控制、培训等手段，实现求才、用才、育才、激才和留才等，使图书馆馆员与图书馆的工作保持最佳比例，达到最佳状态，以促进图书馆事业不断发展。

（一）图书馆人力资源规划

人力资源规划是指根据图书馆的发展战略和工作计划，全面系统地分析和确定人力资源需求的过程，例如，评估人力资源现状及其发展趋势、收集和分析人力资源供求的信息和资料、预测人力资源供求的发展趋势、结合实际制订图书馆的人力资源培训与发展计划等。

人力资源还涉及劳动关系的各个方面，如劳动用工、劳动时间、劳动报酬、劳动保护、劳动争议等内容。图书馆应根据国家劳动保护的有关协议条款的规定，依法行事，处理相关的劳动关系，以确保馆员在图书馆工作过程中的安全与健康。

（二）图书馆人力资源工作分析

这是图书馆人力资源管理最基础的工作，对各个工作岗位进行考察与分析，确定岗位职责、任务、工作条件、任职资格和享有权利以及相应的教育培训情况等，以便最后形成工作职务说明书。

（三）图书馆馆员管理

1. 图书馆馆员招聘

根据人力资源规划和人力资源工作分析的要求，馆员招聘主要由计划、招募、测评、选拔、录用、评估等一系列活动组成。图书馆可以在内部聘任，也可以向社会招聘，按照平等就业、择优录用的原则招聘所需要的人才。

2. 图书馆馆员培训与发展

图书馆馆员培训与发展包括馆员职业生涯规划、馆员发展、业绩评估等。对馆员进行培训和开发，可以促使馆员更好地提高工作效能，增强对图书馆的归属感；对图书馆而言，可以减少事故，降低成本，提高工作效率和经济效益。

图书馆应通过运用各种因素激发馆员的动机，引导和强化馆员的行为，调动馆员工作的积极性，使之产生实现图书馆目标的行为过程。

3. 图书馆馆员薪酬管理

薪酬管理是图书馆人力资源管理的重要组成部分，图书馆要从馆员的资历、职级、岗位及实际表现和工作成绩等方面综合考虑，制定相应的、具有吸引力的工资报酬标准和制度；同时，薪酬管理也是图书馆吸引和留住人才，激励馆员努力工作，发挥人力资源效能的最有力的杠杆之一。

4. 图书馆馆员职业生涯管理

馆员职业生涯管理是个人和图书馆对职业历程的规划、对职业发展的促进等一系列活动的总和，它包含职业生涯决策、设计、发展和开发等内容，有助于提高个人人力资本的投资收益，降低改变职业通道的成本，有助于图书馆事业的发展。

(四)图书馆绩效管理

图书馆管理者应参照工作目标或绩效标准,采用一定的考评方法,对馆员的工作表现和工作成果等做出评价。对绩效突出的馆员应进行物质和精神方面的奖励,调动馆员的积极性,使图书馆人力资源管理工作健康高效地运行。

1. 绩效管理

从广义的绩效概念来看,在过去,人们对绩效管理的观点有三种:第一,绩效管理是管理组织绩效的系统;第二,绩效管理是管理员工绩效的系统;第三,绩效管理是综合管理组织和员工的系统。

绩效管理是以实现组织目标为目的,对组织管理者和员工的工作进行管理的过程。绩效管理目前被普遍运用于各种不同类型的机构组织,通过建立科学的制度来考核员工的工作任务指标、工作效率、任务完成质量以及工作态度等,并将结果作用于员工的收入与其他利益,来达到提升个人、部门、组织绩效的目的。

绩效管理包括了计划制订、绩效沟通、绩效考核、绩效反馈和结果应用五个环节。计划制订是基础环节,主要是确定绩效管理计划,明确绩效管理方法,制定实施管理办法,在这一环节中将组织目标逐渐分解为个人目标;绩效沟通这一环节让员工了解考核方法、内容、指标等,促进工作的顺利推进;绩效考核是核心环节,根据考核指标对员工在一个周期里的工作绩效进行评估;绩效反馈是确定整个绩效管理能否有效实施的重要环节,通过对绩效考核结果的反馈与交流,以达到提高工作能力、激发员工积极性、完成绩效目标的目的;结果应用是将绩效考核结果与奖惩、福利待遇、人员培训机制等联系起来,促使员工提高工作积极性。绩效管理这五个环节互相关联,成为一个动态循环的过程。虽然可能在执行过程中依旧存在问题,但绩效管理能提高整体工作效率和效益。

2. 图书馆绩效评价

绩效评价最初被广泛运用到企业管理当中,其主要用途是通过制度来约束、鼓励企业有效健康成长。绩效评价是指在一定的战略规划指导下,按照系统的标准和具体方法,对企业的绩效和经济利润进行评价,以期促进和完善企业的运转与管理。图书馆服务领域所引入的绩效评价模式和体系,就是运用了定性与定量相互结合的手段,对图书馆各项服务工作及其预定的工作目标等进行评价和衡量。具体而言,图书馆的绩效评价就是以推动图书馆管理的可持续发展为目标。通过对图书馆运营总体状况的绩效评价,以期达到降低管理成本、减少资源消耗、输出高质量服务、提高服务效率的目的。对图书馆进行绩效评价的重点指标之一就是效益与成本。这些指标的设计有助于提高管理和服务效率,全方位优化升级,促进图书馆可持续发展。近年来,由于我国各级图书馆的人员数量规模以及其业务范围都在不断扩大,图书馆绩效评价的科学研究和应用领域也在不断发展拓宽,应用的广泛程度也日益深入。

影响图书馆绩效评价的主要因素有两个:①评价主体的主观性。图书馆绩效评价的执行者就是绩效评价的主体,主要是政府、图书馆、社会力量以及第三方评价机构。评价主体根据每一项评价指标所包含的内容对评价对象进行评价和分析,得出相应的评价结果。但问题是,人的主观性是必然存在的,职业水平、社会经验、职业道德等各种因素都会对评价结果产生一定程度的影响。在实际工作中,单个评价主体可能会在评价中得出笼统的评价结论,或者只是根据其主观的第一印象而确定最后的评价结果,或者是受到近期记忆的影响而确定评价的最后结果。②定量评价与定性分析相结合。定量评价就是对基本工作进行一个定量的分析,判断规划工作量是否已经完成。定性分析就是将所得到的数据进行深度的分析,找出本次计划工作量不足及其未完善的主要理由。将定量评价与定性分析结合起来,可以有效防止因单一定量分析而缺少进一步性质分析的问题出现,可以有效地保证其评价的科学性、完整性。实际存在的问题是,部分大型图书馆的绩效评价通常会忽略定性分析的重要性,只根据本馆各项工作的完成情况对其指标进行了定量评价,忽略了指标定性分析,从而未能找到问题出现的原因。因此,部分图书馆绩效评价的整体性存在不足,绩效评价停留在形式和表面,绩效评价的工作只能依据具体数字化的评价结果来制定和实施,最终效果通常不科学,也不尽如人意。

另外,更多的图书馆开始引入第三方评价机构进行馆内绩效评价,提升了绩效评价的客观性和合理性。

3. 图书馆绩效考核

绩效考核就是运用设定的标准和评价指标来评估工作的效能。绩效考核是绩效管理中的一个关键环节,是对绩效管理前期工作的评估和总结。业绩指标能否达到、工作成效如何都需要绩效考核来衡量。绩效管理的成功需要行之有效的绩效考核作为支撑,绩效考核结果则可以为绩效管理的其他环节提供基本依据。

绩效考核是根据一定的程序来开展的,依据员工和组织达成的具体约定进行的一种双向交互的沟通,包括如何完成工作职责、具体工作标准以及如何提高绩效。所以,必须针对现实情况进行合理的绩效考核设计,而不是生搬硬套其他方案。采用科学合理的方法制定的考核标准和指标才能有效地评估员工的任务完成情况，才能使员工了解工作存在的不足与改进的目标，从而实现目标。

图书馆绩效考核具有以下特征：一是图书馆是非营利性组织，提供无偿服务，具有公共性及公益性，所有支出依靠财政拨款，故不存在效益的问题，并且许多工作难以量化，所以在进行绩效考核时有别于企业或者机关单位，必须根据图书馆的性质及具体情况来设计；二是图书馆绩效考核不仅注重工作业绩，同样也注重个人的发展，以人为核心。绩效考核的目的不是把人员的工作绩效进行排序，为重要决策提供依据，而是提高人员的工作能力以及效率，提高图书馆服务与管理水平。图书馆通过绩效考核改善存在的问题，激发员工工作的紧迫感和学习的积极性，促进提高业务水平，实现自我发展。通过促使员工实现个人目标，提高图书馆服务、管理水平和读者满意度，从而达到图书馆的整体目标的实现。

绩效考核指标是具体用来反映事物性质的考核手段，是多维度评价的有机结合，通过明确绩效考核目标，对执行任务人员的工作业绩进行评价。绩效考核指标是一种具体、能够量化的数据，用来描述相关状况的指数，从而对现状和未来做出计划。从广义上理解绩效考核指标，绩效考核指标体系是在明确了考核内容以后，通过制定相应的考核标准，然后根据考核标准来评价考核内容的一套体系。绩效考核指标是考核内容与考核标准相结合的具体表现形式。

绩效考核指标一般由指标名称、指标释义、指标权重三方面构成。其中包括绩效标准的具体描述、负责考核的单位、被考核的单位、考核的方式、考核的时间点等。按照考核内容，绩效考核指标可以分为行为指标与结果指标。行为指标一般对应的是员工的工作态度、工作能力、文化学历、发展潜力等内容。结果指标一般对应的是战略目标、部门目标及员工的个人指标。

绩效考核指标具有以下特点：一是绩效考核指标与战略目标保持一致，并根据组织的需要随之变化；二是绩效考核指标应突出重点，考核内容按重要性排序；三是绩效考核指标是可以衡量和测度的；四是绩效考核指标应兼顾素质和能力；五是绩效指标是考核者与被考核者沟通的结果，它的制定和执行有认可度。

建立考核指标体系首先是选择考核内容，根据考核内容来设计考核指标。然后要根据设计的考核指标进行量化，量化到能够用一定的标准来衡量完成情况。考核指标的设计和量化并不一定越细致越好，应该做到考核方便实用。对于难以量化的内容应该选择定性的方式来考核，通过定性分析和定量评价相结合，提升指标的完整性和系统性。

4. 图书馆绩效考核指标体系的优化原则

为了达到提升个人工作素质以及图书馆服务与管理水平的目的，笔者通过分析绩效考核存在的问题以及根据图书馆的性质与工作内容对绩效考核指标体系的内在要求，提出以下六个绩效考核指标体系的优化原则。

（1）服务读者原则

读者也是图书馆的重要部分，图书馆工作人员的工作内容与读者密切相关，服务读者就是最基本的任务。所以在进行绩效考核时接受读者的考核既是评判工作效果的有效标准，也是其工作内容的客观要求。因此，在图书馆绩效考核指标体系优化中要充分尊重读者评价的权利，确保读者的评价权重。这样才能真正做到为读者服务、满足读者需求、维护读者权益，才能使图书馆成为读者满意的文化娱乐场地。

（2）层次性与差异性原则

图书馆工作人员按部门和层次的不同来设置不同的绩效考核指标是十分有必要的。因为不同的岗位具有不同的特点，而且不同的部门工作任务也不尽相同，管理层和不同部门的工作人员在工作目标、工作的具体内容以及承担的工作责任上存在着很大的差异。这种差异决定了在设置绩效考核指标时，必须根据工作人员所处的职务层次及部门来设置不同的考核标准。

（3）可行性原则

在制定考核指标时，要遵循简单易行的原则，以避免程序上的烦琐，从而在实际中体现出更大的执行力，节约人力和物力，从而提高工作的效率。首先要使每项指标都具有明确的标准、清楚的层次，其次要注意指标具体值的确定，不能有过于宽泛的自由裁量范围，还有做到考核指标本身的衡量标准可行，如工作任务完成情况，要明确这项工作的工作目标、工作量、完成质量、完成时限等内容，而且必须是能掌握的现有信息或者是通过工作反映出的信息，依据考核标准对工作绩效做出相应的绩效评价。

（4）定性与定量相结合原则

在绩效考核中采用定性指标是很常见的，虽然定性指标在制定过程中会相对复杂，但是优点是可以对工作的各个方面都进行评价。而绩效考核中采用定量指标的优点是简单明了且易于操作，但是就绝大多数人员的岗位工作内容来看，对其进行完全量化考核是不可能的，对一项工作的评价不可能完全拆解为数字指标，用定量指标不能完全概括其内容，这就使考核工作必须坚持定性定量相结合的原则。

（5）战略目的性原则

通过对图书馆馆员进行绩效考核，可以促进工作人员的个人发展，同时可以促进图书馆发展目标的实现，因此图书馆绩效考核指标体系应该把图书馆的战略发展目标作为绩效考核的重要内容，转化分解为能够落实到个人工作中的指标。通过考核指标的设置不断提升图书馆的管理水平，不断提高工作人员的综合素质，不断提升图书馆的服务水平及质量，加速推动图书馆的发展战略目标的实现。

（6）上级考核与民主测评相结合原则

民主测评的考核方法是直接由所有在职人员进行无记名投票，这种考核方法能够体现民主公开的原则且便于操作，但是由于岗位设置及分工的不同，一般的职工不可能对单位所有人员的情况都十分了解，只能是凭借在工作中留下的印象进行全年工作成效的主观判断，而上级则对下属员工的工作有比较清晰的认知。所以在绩效考核中应该坚持上级考核与民主测评相结合的原则，同时要科学设置上级考核与民主测评的评分权重。

四、图书馆人力资源管理的目标

图书馆人力资源管理的目标就是组织人力资源配置的最佳效益，提升图书馆人力资源的贡献率，提高馆员的整体素质和水平，实现读者素质的整体提高和推进图书馆组织建设的改革创新。

有效的人力资源管理目标和组织目标是一致的，都是为组织目标服务的。图书馆的人力资源管理目标分为三个层次，即直接目标、具体目标和最终目标。

（一）直接目标

图书馆通过人力资源管理活动，如通过激励机制、奖勤罚懒与按业绩、劳动量、创造性进行合理分配等，来吸引图书馆馆员、留住馆员、激励馆员和再培训馆员。

（二）具体目标

图书馆通过调整机构设置，实行定岗、定员、定额管理模式，打破年龄、资历、学历、职称等限制，让所有员工能进能出，职务能上能下，待遇能升能降，促使优秀馆员脱颖而出，充分调动图书馆各类人员的积极性、创造性，从而提高整个图书馆工作的效率。

（三）最终目标

图书馆通过有效的人力资源管理来保证组织的良性循环，促进组织的发展，增强组织的凝聚力和适应外部环境不断变化的灵活性。

五、图书馆对人力资源管理的要求

图书馆提供个性化、专业化、精准化、多元化的服务离不开馆员的支持,可以说,图书馆的人力资源水平决定了其服务水平,没有服务意识强、服务水平高的馆员支持,图书馆高质量服务只会变为空谈,服务效果大打折扣。馆员的综合素质是图书馆人力资源管理的重要保障,结合服务学科建设要求,图书馆服务对人力资源综合素质的要求主要从基本素养、人格特征、关键技能、知识结构等方面实现。

首先,具有良好的人格特征和基本素养,包括良好的思想、道德素养,耐心、热情、善于沟通的职业素养以及自信、敬业、抗压等人格特征。

其次,具有服务图书馆知识建设的关键技能和知识结构。信息时代新技术、新应用的不断出现,促进了图书馆数字化、智慧化建设,馆员需要具有一定的信息检索、知识共享、情报研究等能力以及跨学科多样化的知识结构,充分利用图书馆现有设施条件,为图书馆提供一流的服务,如数据库的开发与使用、信息检索与分析、学科趋势分析等。图书馆服务对人力资源提出了新的要求,馆员需要利用自身的专业优势,切实提高自身素质,互相协助,默契配合,更好地提供服务。

第二节 图书馆人力资源管理的必要性

一、实现图书馆可持续发展的需要

图书馆要想提供一流的服务,离不开高素质的馆员队伍,可以说,馆员队伍综合素质的高低直接决定了图书馆服务的水平和质量。人力资源管理是图书馆提供一流服务最需要受到重视的驱动力之一,优化本馆人力资源管理,为图书馆深层次知识服务提供人力资源保障,无论对增强图书馆核心竞争力,促进本馆人力资源的开发,实现图书馆可持续发展,还是对服务图书馆建设,都起着必不可少的作用,意义重大。

图书馆存在的价值在于服务。信息时代,图书馆提供一流服务需要具有新型服务能力的馆员,充分发挥图书馆的保障和支撑作用。因此,图书馆需要重新制定人力资源规划,审视图书馆现有人员结构、组织架构、管理机制等,加以分析优化,充分利用每位馆员的学科优势、工作能力,从馆员的性别、年龄、学历、职称、知识结构等方面合理配置，真正做到人岗匹配、分工合理、人尽其才，从根本上提高馆员的服务能力。图书馆只有重视人力资源管理，顺应信息化发展趋势，做好馆员队伍的再开发利用，切实保障图书馆服务高质量发展，推进图书馆学科建设，才能真正顺应时代发展趋势，提升图书馆服务质量。

二、推进图书馆高质量发展的现实需要

图书馆是文献信息保障中心和服务单位，对社会主义文化建设起着重要的支撑作用。信息化社会，不同学科对文献资源及服务的需求不同，图书馆需主动介入学科需求，了解学科建设发展，提供个性化服务。在这种情况下，一支既有相关学科背景知识，又能满足学科建设资源需求、科研需求、教学需求的馆员对学科的支撑能力是明显的。馆员学科队伍运用图书馆资源平台及数据分析工具有针对性地为读者提供全方位、专业化和深层次的信息服务，能在很大程度上提高图书馆服务的效率和质量。图书馆的高质量发展已离不开图书馆提供的高质量文献资源服务、科研服务、情报服务，而高质量服务的人才保障需要依托图书馆人力资源管理不断优化，给予规划、制度、培养、激励等全方位保障。

信息时代图书馆需要有居安思危的理念，积极匹配图书馆高质量建设战略，转变图书馆用人机制和管理模式，整合人才资源，提高馆员的综合素质，才能培养出一支不断成长、真抓实干的员工团队推进图书馆建设。

三、提升图书馆绩效考核效果的需要

提升图书馆绩效考核效果对于激发馆员工作的积极性、提高素质和能力、提升服务质量和推动图书馆发展具有现实意义。

首先，科学合理的考核指标有利于提升绩效考核的总体效果，激发馆员工作的热情。有效的考核指标设置不仅有利于提高单位内部的沟通，同时也有利于改善工作人员的工作态度及工作方式，增强为社会服务的能力。

其次，国内目前对图书馆绩效考核指标体系进行了积极的探索，提出了基于实际案例的绩效考核指标体系优化建议，能促使图书馆更好地服务于社会大众，提高图书馆自身的信誉及形象，促进图书馆的发展。

四、强化图书馆信息服务职能的需要

信息服务职能，顾名思义就是基于图书馆信息资源建设提供的服务，如文献外借、文献检索与阅览、参考咨询、信息宣传等。在过去较长时间内，信息服务职能的实现水平直接取决于图书馆自身自动化集成系统建设情况，图书馆丰富且

科学组织的信息资源基本可以保证信息服务职能的高质量发挥,此时馆员掌握信息检索与整理技术基本可满足职能需求。然而,随着信息时代的到来,大数据资源整合平台的构建对信息服务职能提出了更高的要求,如信息检索服务需要提供针对跨数据库大数据采集、抽取、集成、整合、去重复等"智慧"处理的"一站式"资源,促使读者用相对最少的时间与精力获得更精准和全面的信息。再如,需要进一步基于借阅系统存储的借阅数据,挖掘各学科用户与信息资源潜在的特殊知识网络,深化开展学科服务,同时利用标签云、历史流等技术将推送的信息可视化处理,从而方便读者对反馈结果进行直观的了解和判断。近年来Web2.0、智慧技术等与图书馆的融合,又促使图书馆应运而生了诸多信息服务内容,如自助服务、主动推送服务、集群协同服务、移动开放服务等,智慧服务成为信息服务职能的重要构成。服务标准与环境的变化,要求图书馆馆员提升自身的信息素养、数据素养、学科素养与创新素养等,必须进一步提升图书馆人力资源管理才有可能保证图书馆信息服务职能的实现。

信息时代密集的科学数据催生了图书馆用户对数据服务的需要,图书馆则能够协助处理数据问题,为读者提供数据获取、分类、组织、分析、储存、利用和共享等环节的数据管理与服务,这些环节都离不开馆员的本职工作。随着图书馆馆藏数据量的激增、数据形式的繁杂,读者掌握的数据管理技能或许并不能满足自身的需要,这就需要专业的数据管理服务。由于读者对图书馆能够提供的预期服务因人而异,可以理解为读者更期望图书馆可以根据他们的阅读习惯、特定需求等分析出他们的潜在需要,再有针对性地提供愈加精准的数据管理服务。在用户需求的主动驱使下,馆员可以利用数据挖掘、数据分析等方面的软硬件设施,根据读者的需求变化对获取的数据进行筛选与重新组织,及时更新信息服务,动态地提供数据化服务。

五、转变图书馆馆员角色的需要

随着信息时代的来临,图书馆数字化转型成为趋势,图书馆内的各类馆藏资源、馆员服务内容与形式等方面都在不断地改造升级。为了能向用户提供更精准的服务,图书馆馆员角色也随之不断变化发展,数字服务的兴起倒逼图书馆馆员角色转型,而数据馆员既是数据的研究者又是数据的管理者,具有数据信息研究分析、组织管理的专长,可以顺势成为馆员角色进阶的方向。

(一)从纸质文献服务者到数据管理者

在传统模式下的图书馆内,馆员更多的是为读者提供借阅流通、参考咨询的文献服务，他们以纸质文献资源为对象，依靠自己对图书馆馆藏的熟谙程度和自己的图书馆知识来为读者搜索查询所需资料，工作多停留在机械地保管借阅藏书或简单地将文献信息提供给读者上。这些工作还没有全部依赖数据、数据库或数据平台，图书馆馆员更倾向于固有的文献服务者，其工作状态是被动的、工作内容是重复的。但是这种工作常态被大数据环境所打破，因为海量激增的原始数据多是零散无序的，这就需要专业馆员对数据进行采集、分析、管理与再利用，使其具备更高的实用价值。这项工作的开展更多是依靠数据馆员凭借数据技术挖掘数据资源得以实现，一方面，数据馆员通过分析用户的行为数据去发掘隐蔽在用户背后的确切需求；另一方面，数据馆员运用数据技术追踪事物发展轨迹，研究分析事物的发展规律，以此为用户提供最前沿的数据支持。数字化时代，互联网技术广泛应用于图书馆内部，图书馆已然迈入服务内容信息化、馆藏文献多媒体化、管理方式计算机化的新时代，文献量的急剧增长与图书馆的服务内容、管理模式皆由保守、传统的形式向信息化、数字化的方向不断发展，用户采用多种多样的形式寻求图书馆数据服务的现象也尤为普遍，这些变化对传统图书馆馆员的知识水平和服务技能提出了更复杂的要求。馆员不仅要掌管纸质文献资源的征集、治理、重用，更主要的是还要学习对数字信息资源的采集、归类、重新组织，要逐渐适应图书馆工作中显现的数据管理、分析及数据库建设等有难度的工作，为读者提供全方位、深层次、专业化的数据服务。因此，图书馆馆员需要主动接受继续教育，培养自身的数据素养，改善数据服务方式，自觉提升业务能力，适应新型网络环境，促进自身角色转型。

（二）从数字资源指导者到数据管理者

在数字时代早期，图书馆馆员其实就已经着手进行数字资源的相关指导工作，如科技查新、课题检索、文献计量、情报研究等，正是由于前期积累了丰富的服务经验，馆员成为数字资源建设过程中解决数据问题的不二人选，在数字环境中发挥着越来越大的辅助作用。数字资源指导者被界定为承担着重要用户教育角色的专业信息人员，他们能够积极投入学习和教学任务，结合数字资源为用户提供教育教学和在职培训等活动。对数字资源指导工作的职责和内容的研究，其中包括数字资源获取和在线教育，图书馆馆员在线上学习环境中更侧重于为用户提供信息素养指导，他们在工作的各个环节中融入新技术，以便形成多样化的工作方式，借此激发读者的学习兴趣，帮助读者提高知识储备。

由于图书馆馆员的职业角色和形象是依据职责而动态变化的，不同角色的工作侧重点各有差异，再加上数字技术对图书馆馆员的影响越来越明显，用户希望图书馆馆员对自身信息需求的响应速度越来越快，导致图书馆馆员对数据的依赖性越来越高。数字资源指导者虽然能够获取数字资源，但是对于数据的管理还需要更专业的人员——数据管理者，即数据馆员。他们正是在数据管理的基础上将深入开展数据服务作为主要职责，他们具备数据管理意识和数据管理知识，可以借助现代信息技术与工具，对获取的信息进行重新分析组织，将其加工成用户所需知识内容的新型图书馆馆员。数据馆员在提供数据管理服务时，不仅仅是要处理用户眼前的问题，还需要动态追踪用户各项行为数据。数据馆员可以利用数据技术与工具对数据进行挖掘，进而剖析出用户的潜在需求，为后续实施个性化服务项目作铺垫。简而言之，数据馆员是图书馆针对数字环境中持续深化数据服务的内在要求，是数字资源指导者在信息技术驱动下的角色转变。

第三节　信息时代图书馆人力资源管理创新策略

一、争取人才引进政策

信息时代图书馆人力资源管理创新中，图书馆应积极争取人才引进政策，争取人才引进指标，进一步拓宽用人渠道。向外注重积极完善人才引进政策，建立灵活的引才机制，重点引进经验丰富、岗位所需的高层次人才，向内重视吸纳、培养专职和兼职图书馆馆员，不断优化图书馆人力资源数量及质量，为深层次服务储备人才。图书馆应主动制定本馆人力资源建设规划和人才引进计划，满足人才现实需求。

首先，综合审视图书馆人力资源建设情况，根据图书馆建设目标，依据本馆人员状况，制定人力资源建设规划，综合考虑馆员数量、学历、学习背景、专业能力、年龄、类型等要素。

其次，人才引进计划应建立在部门岗位需求之上，综合评估并确定引进人才的数量和质量需求，确保契合图书馆岗位所需。图书馆可以要求各部门领导每年提交人力需求报告，在部门现有人员结构状况的基础上，对所需人才定位、工作职责、素质要求进行分析，由图书馆统一协调，最终制订人才引进计划，对图书馆急需的学科专业人才、技术型人才、新型服务人才设立"绿色通道"。

最后，围绕信息时代图书馆建设，大力引进相关专业优秀人才，对符合图书馆建设高层次人才标准的，采取一人一议的方式，可以联合一流学科建设所在院系，给予丰厚的待遇，在引进来人才的同时也留得住人才，促使高层次人才在图书馆发展和建设上发光发热。

二、优先做好馆员岗位配置工作

图书馆应积极转变人力资源管理观念，树立以人为本的理念，不断优化图书馆机构设置，合理配置馆员及服务领导，知人善任，力求把德才兼备的馆员安排到服务岗位，这样才能打好信息时代图书馆服务高质量发展的基础。

（一）吸纳、培养专职和兼职馆员，扩大人才队伍

图书馆可以在当前馆员数量的基础上，重点吸纳各部门有图书馆服务经验或相关学科背景的馆员，协助做好服务工作，并给予馆员绩效奖励或其他待遇。除此之外，还可吸纳有服务意愿的优秀志愿者作为兼职馆员，并给予一定的奖励措施，例如，享受图书馆给予的馆员待遇、图书馆文献资源使用VIP待遇、颁发聘书等。总之，图书馆应充分利用馆内外优质人才资源，不断吸纳高素质的生力军加入馆员队伍，提高馆员队伍规模，为图书馆提供高质量服务奠定基础。

（二）综合考虑馆员的不同情况以科学配置

馆员因受专业素养、人格特征、社会角色等的影响，具有不同的工作特质。图书馆不同部门承担着不同的工作任务，在配置部门团队时，应以馆员为本，充分考虑馆员的不同情况以科学配置。在信息化背景下，服务团队比以往任何时候显得更为重要，是图书馆参与融入社会建设的桥梁。图书馆在配置服务团队时，应从专业素养、人格特征、服务意愿等多方面考虑，以馆员为中心，科学配置服务团队。

第一，选拔有相关服务经验、专业符合或相近、对某一学科领域有深入研究的馆员，制定选拔标准，培养馆员的学科服务能力，优化图书馆服务资源。

第二，考虑馆员的人格特征，选拔性格外向，沟通能力、理解能力强的馆员，在面向服务时能及时协调处理遇到的难题，服务也会变得得心应手。

第三，服务团队配置应采取自愿报名、政策倾斜的方式，动员具有服务意愿的馆员，并给予适当政策照顾，避免服务意愿不强的馆员加入，产生消极影响。

第四，重视培养和选拔部门领导。服务团队领导者作为服务团队的带头人，必须由专业素质强、协调组织能力强、有领导型风格的馆员担任，能及时对服务工作做出计划，把握服务发展方向。图书馆应认识到服务部门领导的重要带头作用，注重培养、选拔具有多年工作经验，能胜任服务工作的带头人，或在原部门

岗位设置的基础上，设置副职领导，互相监督，辅助决策学科服务部门重大工作事项。

（三）优化图书馆机构设置，建立服务中心

服务体系承担着图书馆支撑社会建设的任务，需要全馆部门团队的支持。只有在各机构的支持下成立服务中心才可以一举打破传统机构响应慢、不积极的问题，即由各部门抽调一到两名馆员加入服务中心，服务中心可以随时调动各部门成员支持图书馆建设，通过团队运作的方式组织运转，能更好地完成业务工作。这种实体机构与虚拟跨部门服务中心的形式，既精简、集约地优化了图书馆实体业务部门，又辅以虚拟工作团队的模式，基本涵盖了图书馆的业务需求，形成矩阵式组织运行模式，体现了跨部门协同合作理念。服务中心的成立打破了以往部门的行政划分和"外部""内部"的界限，强调综合性、合作性，以知识需求、读者需求为核心，开展各项业务。

（四）探索数据馆员岗位设置的灵活方式

图书馆数据馆员岗位设置的方法要因馆而异，灵活设置。针对综合实力较强的图书馆，完全可以增设数据馆员的专人专岗；而综合实力次之的图书馆，则可以在馆内进行数据管理与服务相关的培训教育，为原有岗位附加新的职责。

1. 旧岗位增加新职责

图书馆馆内总经费虽然呈增长态势，但图书馆平均工作人数却呈现下降的趋势，这使得图书馆不得不购置智能设备，从而减少图书馆馆员从事繁重的技术含量较低的工作。图书馆的人力资源情况如此，那么若要灵活设置数据馆员岗位，从现有图书馆馆员中培养数据馆员无疑是一个优质选择。当代图书馆馆员中不乏这样的人才，他们不仅通晓图书馆学基础知识，还掌握不同专业背景的学科知识。图书馆可以为这部分馆员进行有关数据管理方面的在职培训教育，使其履行数据馆员岗位的新职责。例如，通过馆内继续教育的方式，组织现有馆员学习数据收集、分析、存储及利用等技能，即可实现传统图书馆馆员向数据馆员的转型，在未来能够推动数据馆员岗位的建设。在原有岗位的基础上，开发馆员新职责最直接的方式是组织与数据馆员岗位职责相贴合的培训教育。相关部门的管理者可以在各部门馆员中筛选出有潜力、可培养的馆员，对他们的数据能力进行考察鉴定后，把他们组建成专业化队伍，再针对数据管理各环节有侧重点地组织培训项目。就具体的培训而言，可以同具有成熟的数据馆员

培训实践的国外图书馆开展交流活动，或实地访问国外图书馆并向其学习教育经验，或积极参加以研究数据管理为主题的国际论坛和研讨会，例如，国际数据管理年会、研究数据管理论坛等国际会议，让馆员了解数据管理的前沿规则，加快馆员对新职责的适应速度。国内图书馆在馆与馆之间可以针对数据管理技能的学习及运用积极开展合作，共同组织开发一系列涉及数据分析、数据管理、数据可视化等知识与技能的培训课程，包括对数据馆员知识、技能的精细解读，个性化设计符合馆员数据管理知识、技能水平和学习进度的可重复学习的课程。鼓励馆员主动报名参与国内图书馆界有关机构开设的短期培训班或者邀请国内外知名专家、学者就解决数据管理方面存在的疑难困惑进行集中授课，传授专门的理论教学和实践经验。

2. 专门增设新岗位

现如今，国外图书馆具体有两条履行数据馆员职责的途径，一是依靠学科馆员兼顾履行数据馆员的工作职责，二是专门配置独立的数据馆员岗位，他们积极引进数据管理方面的专业人才，全盘负责图书馆内数据管理的相关服务。由于数据馆员是对馆员专业要求很高的职位，专门配置独立的数据馆员岗位设置形式在国外图书馆中更为普遍。

我国当前已有部分图书馆依靠学科馆员兼顾履行数据馆员的工作职责，即由学科馆员兼顾数据馆员的岗位职责，只是从事数据管理工作的相关馆员分散于不同部门的岗位上。未来图书馆可以根据数据馆员的职责，将岗位纳入图书馆内已有的信息技术或参考部门、信息或数据资源服务部门等相关部门，或者专门设置一个新增的数据管理部门，为读者提供数据服务。新增专职岗位在具体实施上务必要以图书馆自身实力为基础，依据专门政策机制或学者科研攻关，明确设立目的、规范岗位名称、划定所在部门、拟定工作职责，初步形成数据馆员管理制度后，还要继续加强数据馆员的队伍建设，不断开展数据管理培训项目，提升新增数据馆员岗位与图书馆业务之间的匹配度。

三、培养图书馆馆员的多元素养

（一）明确馆员多元素养培养原则

考虑到图书馆馆员对多元素养培养内容的需求存在差异，馆员个人的学习能力并不完全一致，处于不同职业阶段的学科馆员所侧重的素养也不相同，因此在具体的馆员多元素养培养中应坚持以下原则。

1. 灵活性原则

图书馆馆员多元素养培养体系中，各阶段都应该坚持灵活性原则，即不硬性规定阶段内所必须强化培养的素养内容。尊重馆员在年龄、知识背景等方面的个体差异，允许馆员结合自身的学习体验、职业规划、岗位职责履行感悟等多方面，自主、灵活地选择培养内容，保证馆员短时间内接触的多元素养相关知识与技能恰好满足其阶段所需。

2. 计划性原则

多元素养的培养并不是随意、随机展开的，需要以图书馆发展的战略目标为依据，以馆员服务的职责为抓手，结合阶段内的工作要求与任务制定。综合考虑不同图书馆、不同馆员的服务职责差异，制订长期计划和阶段计划。

3. 梯队性原则

多元素养培养中，为提升馆员学科服务的专业性、全程性和可持续性，应坚持梯队性原则。即以馆员具体的岗位职责差异、职业发展的阶段性及职业规划的长期性等为依据，对馆员完成探索期、发展期、稳定期"三梯度"划分，然后有所侧重地、针对性地提供多元素养培养资源。例如，处于探索期的新入职或从业经验相对较少的馆员，其业务主要涉及基于数据库的信息检索与文献服务、多语言文献阅读及交流、用户基本情况调查与分析、学科资源分析、内部沟通交流等，此时的培训应侧重于技术素养、阅读素养、信息素养、技术素养、语言素养与协调互动素养、职业素养。而有一定工作经验的发展期馆员，已经基本具备了探索期的能力，但嵌入式服务、学科服务等职责，要求其对科研素养、教育素养、情报素养、用户分析素养等进行进一步的强化。稳定期馆员要在团队领导、科研带头等方面发挥作用，所以创新素养、研究素养等应是此阶段的培养重点。

4. 以服务为核心原则

馆员多元素养培养并不是要将其打造成"完美"的人，而是通过培养手段，培养馆员的服务意识，提升馆员的服务能力。所以，所有的培养活动都应该围绕服务进行，以培养效果能否支撑馆员高质量完成服务职责为衡量标准。

（二）丰富馆员多元素养的培养形式与方法

现阶段图书馆馆员多元素养培训延续常规馆员培训经验，已经采用了一些形式与方法，如理论授课、操作演示、案例分析等方法都较为常见，专家讲座、自行下载或接收资料、远程培训、进修深造和在岗练习等形式也得到了一定程度的运用，但仍不能满足馆员多元素养培养的实际需要。在未来图书馆馆员多元素养培养体系运行的过程中，要想达到更好的效果，应有意地对形式与方法进行进一步的合理丰富。在具体培养中可结合培养内容、培养规模、培养环境、参与培训学科馆员特点等因素，灵活地组合运用。

1. 嵌入式培养

直接安排馆员听课，或直接参与学术活动，以此强化馆员的学科素养、科研素养与协作互动素养、教育素养等。

2. 专题讲座

邀请优秀专家学者以专题报告、业务培训等形式对图书馆馆员进行专题培训，此形式适用内容广泛，但很难具有持续性。

3. 在职培训

以参与短期专业学习班、馆内阶段培训为主要形式，效果较为明显。

4. 外出进修深造

学习其他图书馆的经验或先进技术理论等，效果较理想。

5. 学科情报交流研讨会

参加图书情报交流研讨会，了解专业领域的前沿动态与知识。

6. 脱产学习

停止阶段工作，进行多元素养突击强化。

7. 轮转实习

在部门内部资源建设馆员、服务馆员、研究馆员和阅读推广馆员等岗位进行轮转实习，强化业务职能。

8. 岗前培训

以集中授课为主要形式对职业素养、技术素养等培训。

9. 分级培训

馆内资深稳定期学科馆员为探索期、发展期馆员进行培训、经验分享。

10. 慕课＋线下研讨（自主学习）

图书馆馆员通过慕课等平台完成自主学习，然后在集中的时间通过面对面交流的方式进行学习交流、学习总结等。

11. 主题沙龙

针对前沿知识、先进技术、先进理念等进行主题沙龙研讨，更新图书馆馆员的认知。

（三）提升馆员多元素质能力

信息化建设背景下，馆员的综合素质决定了服务社会建设的成效，体现了图书馆的服务能力和服务水平。图书馆应从源头上解决馆员综合素质不高、服务水平有限的问题，创新培训模式和内容，建立完善的馆员继续教育培训制度和规划，探索图书馆人力资源管理新机制，循序渐进，把馆员培训视为长远的战略投资，着力打造一支服务水平一流的馆员队伍。

1. 完善培训管理体系，提高图书馆馆员的服务能力

知识是不断生长的有机体，图书馆要想辅助好知识建设，馆员必须与时俱进，了解信息时代社会建设发展前沿，及时更新知识结构，学习新知识、新方法、新技术。在信息化建设背景下，图书馆应据此重点完善团队培训制度，以图书馆人力资源规划为导向，以提升馆员的知识服务能力为目的，明确馆员需求开展培训，最终构建一套科学的契合信息时代发展的馆员培训管理体系。

2. 找准学科服务发展坐标系，探索培养制度

馆员轮岗制与导师制是图书馆培养体系中的重要一环，国内外不少图书馆已进行了实践，效果显著。例如，有的图书馆聘请图情专家或图书馆管理者作为馆员导师，正式实施导师制项目，培养馆员科学研究习惯，用研究指导实践，推动图书馆专业化发展。也有图书馆在本馆轮岗制的基础上，并入导师制，探索"轮岗+导师"馆员培养模式，并通过对培训效果展开质性研究得出轮岗制与导师制在身份认同、业务能力、个人能力三个维度对馆员能力的提升效果显著。在图书馆中，轮岗制已经在新员工中有所应用，新进馆人员需要在图书馆各部门进行轮岗，熟悉工作。在今后的馆员培训中，图书馆应尝试引入"轮岗+导师"双体制，为馆员配备导师，辅助学科馆员的成长。

（四）建设馆员多元素养培养的保障和评估机制

1. 培养经费保障机制

图书馆运营经费中，文献资料更新与日常管理活动会占有较大的经费比例，导致培训经费或从活动经费中支出少部分，或以独立的项目占有较小的比例，导致培训活动的具体规模、次数、形式等多方面都受到经费额度的实际约束。图

馆要想优化馆员多元素养培训，必须攻克培训经费的困境，可以从以下方面着手进行。

首先，应在现有的图书馆培训专项经费基础上，推行筹措方式，将区域政府、科研机构、图书馆等均纳入筹措范围，以此扩充图书馆经费数量。在此过程中，图书馆应积极发挥馆员在科研领域的重要性，吸引区域相关产业企业为图书馆馆员的培训主动注资。

其次，图书馆要保证有限的馆员培训经费可以得到有效的运用，换言之，选择的培训形式、培训次数等在合理的范围内，应构建完善的馆员多元素养培养经费保障制度。此制度中应明确地指明阶段培养经费的来源、运用具体方向、核心保障内容、不同形式与内容培训活动的经费分配比例以及经费运用中的监督管理部门等，使培训经费在运用与分配中具有明确的依据。一方面，应规定培训活动申报流程、审批流程、申报人资格、审批主体职位、阶段同一申报人可申报次数等具体细节，促使开展的多元素养培训活动在开展前，可以通过专业审批预见其可行性、合理性及有效性，减少重复、冗余或过于浅表、脱离实际需要的培训活动的举办所造成的不必要的经费支出。另一方面，应指出特殊情况下经费的使用情况。例如，临时举办国际重要相关学术会议，而图书馆近期学术会议形式培训活动的参与次数已经超出限度，应如何进行"多余"的培训活动经费申报；又如，图书馆经费超出或严重少于预订额度下的具体应对管理措施等。

2. 培养效果评估机制

馆员多元素养的培养效果，可以从其培训后阶段时间内的岗位职责履行情况中得到较直观的体现，所以在培养效果评估机制的构建中，不能单纯地从馆员自身角度进行。构建培养效果评估机制，应从以下方面着手进行。

①明确地指出负责评估的小组成员以及完成评估的时间要求，推动培养效果评估工作落实。通常评估小组应涵盖图书馆馆员主管馆长及人力资源管理部门领导，评估的时间应该在培训完成后的1个月内。因为馆员主管馆长对评估的学科馆员对象培训前的能力最为了解，对培训后应该出现的新表现有全面和合理的预判。同时，1个月的时间，足以让馆员将培训所掌握的新知识、新本领融入岗位工作，或结合岗位职责进行相关工作的完善。

②明确地指出"三方主体评估"形式。"一方主体"，即从参与培养的馆员角度，以课堂表现、作业情况、学习小结、实习报告、实际操作展示等形式进行测评，同时以问卷、访谈等形式，由评估小组直接与其进行沟通，结合测评结果

与沟通交流信息，实现培养效果评估。"二方主体"，即在参与培训的馆员的部门内部，完成针对培训前后馆员培训内容相关岗位表现差异的不记名调查，从调查结果中客观认识培训的有效性。"三方主体"，即在参与培训的馆员中随机选择部分群体进行培训内容相关的馆员表现调查。在"三方主体评估"下，馆员参与培训活动是否有效、不同岗位馆员参与培训前后的变化程度等都可以得到较为直观的体现，为优化培训内容、形式与方式选择提供了直接依据。

③邀请资深学科专家、培训专家等，对培训效果的评估结果进行进一步的深入分析，利用其专业知识与经验，发现培训中内容选择、培训方法选择、培训周期安排等方面存在的不足，并针对性地提出优化培训效果的具体路径，为后续的培训工作优化提供参考。需要注意的是，专业背景会影响馆员多元素养的需求，换言之，不同专业能力的馆员在培训中的接收能力存在差异，所以，在具体评估结果分析的过程中，应该结合不同馆员的特点进行，然后进一步地分类整理，才能保证后期层次化、差异化的馆员培训更高质量地展开。

四、提升馆员数字胜任力

（一）政府层面的对策建议

1. 重视基础文化设施建设及其服务人员胜任力培养

2021年11月，中央网络安全和信息化委员会印发《提升全民数字素养与技能行动纲要》，围绕七个内容部署了提升全民数字素养与技能的重点任务。随着"数字化生存"在社会占据越来越高的关注度和比重，信息素养或数字素养已经逐渐成为公民的基础素养。图书馆是国家基础文化设施，对承担着文化传承历史使命的机构而言，机构工作人员需要具有更符合职业需求的、数字赋能的胜任力。图书馆治理现代化有赖于政府部门、社会力量与图书馆之间的平等协作、多元协同。其中，政府以制度手段建立社会基本秩序，通过制定公平的政策与措施完善社会规范。政府部门更加注重图书馆建设和图书馆业务人才的培训，是促进国家"十四五"计划有效执行和2035年国家远景目标基本完成的重要途径。

2. 制定专门的图书馆馆员数字胜任力评价标准

从国际上来看，英、美、日、韩等国的图书馆快速发展的起点往往伴随着图书馆法律的颁布、修订和实施，立法对事业发展形成了巨大的推动作用。而我国在没有标准的图书馆馆员准入制度下，图书馆馆员数字胜任力水平还处于参差不齐的状态。政府制定图书馆馆员数字胜任力评价标准可以有效缩小我国各区域图书馆馆员能力水平之间的差距，更有效地推动图书馆建设发展，促进图书馆文化服务均等化。

（二）图书馆层面的对策建议

1. 推进图书馆专业人才引进和培养的良性循环

图书馆专业知识或成为图书馆馆员知识结构最大短板。我国图书馆人才结构复杂，服务工作往往需要不同知识结构的工作人员为用户提供专门服务。这启示我们，现有的馆员入职培训或在职培训需要重视馆员的基础知识，通过培训效果的反馈完善培训内容与方法，需建立相关的考核制度，达到查漏补缺的效果。

图书馆人才引进和招聘方面缺少对图书馆专业人才的重视，从现在的图情档人才就业情况来看，图书馆编制人数较少，重视技能大于知识，人才流失较为严重。推进图书馆适应信息时代发展的进程要求多元化的人才结构组织，图书馆在不断引进不同专业人才的过程中，不能忽视对图书馆馆员专业性的培养，增强社会对图书馆专业性的认可。

同时，加强对图书馆馆员人格特质的分析，由于此类优势特质需要长期引导形成，从人才引进开始把关，通过无领导小组面试或一些应急突发状况的模拟，识别人才深层特质是否适应图书馆长期工作与发展。

2. 推动图书馆数字化转型

数字技术虽然已经渗透在图书馆工作环境中，但不同数字化程度的图书馆差距仍然明显。大部分图书馆馆员都具有良好的数字价值理念，对新兴数字技术的接受度较高。图书馆应在可行条件下为馆员创造更多使用、学习数字技术的机会，提升他们的满足感和积极性，例如，引进业内先进的、反响较好的数字设备和平台，鼓励或安排馆员加入高水平图书馆创建的引领性的学习交流组织等。数字环境将会对馆员数字胜任力提出更高的要求，促使图书馆馆员不断提升自己的数字胜任力，了解新兴技术对图书馆发起的挑战并着手去适应。

3. 完善图书馆馆员职称评定和绩效考核

职称高低决定着馆员的薪资水平、职场地位，也应该反映馆员能力的高低。职称的不同对馆员能力并无显著影响，这与我国图书馆馆员职称评定的现状有关。图书馆馆员的职称评定关键在于图书馆学专业文章的发表，图书馆馆员分工不同，工作量和工作性质也有差异，但职称评审条件相同。种种问题导致职称评定在图书馆界存在较大的争议。尽快寻求科学的、公正的、有效的方法解决职称评定中的一些问题，如调查职称评定现状和馆员意见，联合各图书馆集体研究探讨，向图书馆协会上交提案等。

同时完善绩效考核机制，不能仅限于考察馆员工作任务的完成情况，避免使得某些图书馆组织活动流于形式，并未真正落实到人民群众中。图书馆可以实施阶段性的多方位、多因素的考评，多方位考评如总馆对分馆的考评、同事考评、读者考评、志愿者考评等，多因素考评如数字胜任力评价、360度绩效考核等，以递进式的评估数据多次考核、多次反馈，以反馈指导考核，从而保证图书馆馆员考核过程的公平、公正、公开。

（三）馆员层面的对策建议

图书馆馆员数字胜任力的提升最终要回到个人，着眼于馆员职业发展的全过程，进行个性化的评价，为其终身发展服务。

其一，图书馆馆员需时时审视图书馆事业发展和自身发展，在其位司其职。当下部分馆员的数字胜任力亟待提高，其中数字图情知识和数字职业能力是图书馆馆员数字胜任力中重要的两种能力，数字图情知识是根基，数字职业能力是硬实力，因此馆员要不断提高自身数字胜任力，对自身数字胜任力进行自我评价，制定明确的生涯规划，从而在职场中更具有竞争力和影响力。

其二，提升数字胜任力价值认同。知识、技能和能力通过系统的培训能在短时间提升，数字价值理念、职业追求、人格特质却不能短时间产生质的飞跃。图书馆馆员需要明确数字胜任力在其未来职业生涯发展中起到关键作用，面对新兴技术不断涌现下的图书馆业态变化，应坚定并践行终身学习理念，从理论和实践上提升自身数字胜任力。

其三，充分发挥自身主观能动性，克服职业倦怠感。图书馆的发展是一个长期的过程，图书馆的工作任务也是如此，馆员很难在工作中立即获得正向反馈。长期处于图书馆的工作环境下，馆员容易产生职业倦怠感，以致部分馆员尤其是基层馆员的能力水平处于停滞状态。馆员要充分发挥主观能动性，利用信息时代图书馆这个环境下提供的丰富的文献信息资源，向所在图书馆积极献策献议，在团队合作和项目中积极寻求提高自身数字胜任力的机会。

五、推进图书馆绩效考核优化创新

（一）推进绩效考核制度的实施

首先，图书馆管理工作与完善的人力资源管理制度息息相关，图书馆应推动馆员专业化分工和结构性优化，以工作岗位专业化细分为主要目的，不断地对工作人员结构和岗位职责做出调整。同时，按照馆员的学科特点和兴趣爱好，在尽量符合馆员个人愿望的基础上，合理分配工作任务，以保证馆员工作的积极性和创造性，做到人才利用最大化。在制度方面，要全面考虑图书馆实际状况，建立完善的涵盖服务业务流程、业务标准、绩效考核制度、反馈评价等方面的图书馆内部准则，引导馆员创新，合理考评馆员并建立有效的反馈评价制度。

其次，要想保证图书馆的服务体验，必须以业绩考核制度为基础，由各馆、职能部门与业务部门的代表共同成立考评组，以公正、定期、严格的岗位职称聘用考评机制为专项绩效考核机制。绩效考核机制的建立能够推进馆员的奖励与约束激励机制的建立，从而提升馆员的生活质量与服务水平。同时依据考评结果，对考评不合格的馆员予以告诫或处分，对考评良好的馆员予以内部奖励。

另外，图书馆也可利用平台，通过用户登录网页评论、微信评论和网上问卷调查等手段，使公众积极参与到对图书馆人员的考评工作当中，推动馆内人才培养制度与培训内容的变革。

（二）绩效考核指标体系的优化设计

1. 加入读者考评指标

图书馆的职能使图书馆馆员工作内容与读者密切相关，读者的考核也应该是评判工作绩效的重要标准。在传统的图书馆年度考核中，缺少读者这一重要主体，有些部门不直接服务于读者，就需要相关利益者对他们的工作进行评价，而且直接由职工大会在单位内进行无记名民主测评的考核方法也只有在馆员对全单位人员情况全面了解的前提下，才能取得比较好的效果，然而现实中由于部门工作的不一致性，许多人对其他部门的工作状态是不够了解的，加入读者考评指标可以让真正了解的人参与评价，避免考核中产生偏见、考核盲点等，对考核对象做出相对全面的评价，也让服务对象成为公共服务绩效考核的重要主体，所以绩效考核指标中加入读者评价指标十分适合图书馆的现状。

2. 合理设置考核等次比例

考核比例只有优秀是无法对懒散的职工起到鞭策作用的，有的图书馆会存在这样的问题，只规定了考核优秀的比例，对于考核不合格等次的比例不作要求，这样就会导致"庸懒散"情绪蔓延，因为无论工作完成得如何，大概率会考核合格，这样照样能正常增加薪级，所以考核结果的约束力约等于无。要想改变这种现象，图书馆应该规定不合格等次的比例，这样能更好地对员工起到激励作用。

3. 加入重大事项考核指标

要想使考核内容更加全面，图书馆应设立重大事项考核指标，即附加项指标，此项指标分数不在正常考核指标分数中占比。馆员在工作中有可能为单位做出了比较大的贡献，这时按照以往的考核方式体现不了这个事件对考核结果的作用，所以需要在"德能勤绩廉"之外设立附加项，这样就可以将特殊事件对考核结果的影响凸显出来，即采用关键事件法。关键事件法与"一票肯定""一票否定"等方法相似，主要是根据员工在一年内对图书馆的发展做出的特别贡献以及对其造成的负面影响，来判断员工能否直接评定为优秀或是不合格。如果员工完成了一项对图书馆发展非常有利的工作，或者做出了突出贡献，可以被评定为"优秀"，也就是年度的最高等级；反之，如果出现了人为的意外，或者对图书馆造成了很大的负面影响，则会被判定为"不合格"，即年度的最低等级。

4. 细化评价指标

在设置图书馆绩效考核指标时，必须以图书馆的战略发展目标为基础，根据图书馆不同岗位的职责和工作内容进行设计，同时需要兼顾职工个人的发展。只有对考核内容逐级分解细化、赋值量化，形成相对完整和易于操作的分层次、分类别的绩效考核指标体系，才能保证考核有据可依，不流于形式。

5. 科学确定指标权重

由于有的图书馆相关文件规定重点考核工作实绩，所以"绩"的比重应高于其他一级指标，图书馆绩效指标中"能"和"绩"的比重应高于其他几项，故拟定一级指标"德""勤""廉""能""绩"权重分别为15%、15%、10%、25%、35%。每个图书馆的实际情况不一样，因此权重设定也必须充分考虑实际情况，根据图书馆的实际情况设定指标权重。执行后也可以根据考核效果及反馈对指标权重再次进行调整，以便使考核指标更具有效性。

二级指标权重的确定应以每个指标与工作的紧密性为基础，充分征求民主意见，应在设定之前与馆内职工进行绩效沟通，表达想要达到的目的，获取反馈意见作为参考依据。在设定指标权重时，可以采用层次分析法。

六、构建馆员专门激励机制

图书馆馆员激励机制的构建，有利于调动图书馆馆员强化自身多元素养的主观能动性。在具体构建中，应明确地指出激励的适用对象为图书馆全员，针对全体图书馆馆员形成一种压迫感。在此基础上，充分发挥鲇鱼效应，从内部选拔，或从外部聘用优秀的图书馆馆员，由其发挥带头和示范作用，促使其他"沙丁鱼型"的图书馆馆员主动地进行自我优化。丰富激励的具体方法，将目标激励、晋升激励、薪酬激励、弹性福利激励、荣誉激励等激励手段合理地引入。例如，基于阶段图书馆战略目标、部门目标，确定每个图书馆馆员岗位的具体目标，并进一步确定岗位绩效，作为对每个图书馆馆员阶段评估的主要内容。又如，在图书馆内营造积极的、良性的、竞争的文化氛围，在组织文化的作用下，促使图书馆馆员自主优化工作，达到多元素养培养的效果。具体地指出获得激励的具体路径及标准，在此过程中，图书馆应构建具体、合理且完善的从业资格制度与具体的选拔机制，使图书馆馆员不仅需要择优聘任，而且流动岗位。只有真正专业能力强、综合能力突出的图书馆馆员才可以得到与能力相匹配的物质与精神奖励。在此过程中，可以将图书馆馆员的人才梯队培养层级体系融入具体的激励路径，以各层级对人才的要求，作为人才多元素养自我优化的依据。例如，学科信息联络员、学科咨询员等都可以作为图书馆馆员前期的层级分解，只有在具备前期资质的情况下，才能够参与激励选拔并获得激励，相关人员参与多元素养培养的积极性一定会明显提升。需要注意的是，在激励机制中合理地融入约束条件，更有利于激励效果的发挥，所以应从约束角度说明不同阶段内没有达到激励标准会受到的差异惩罚。例如，降级惩罚、延长晋升周期等均是可采用的手段。另外，考虑到部分图书馆馆员因对个人未来的职业发展规划较为模糊，同时有一定的意愿脱离事业编制，进入市场中将专业知识转化为经济效益，所以建议图书馆在图书馆馆员激励机制构建中，将"以团队项目形式对外公司运营"名额作为一种激励手段，鼓励图书馆馆员通过继续学习、自主学习等强化多元素养，进而有能力在图书馆的支持下，实现职业的"双发展"。

完善对图书馆馆员的考评与激励机制是优化图书馆人力资源管理的重要一环，将服务工作纳入图书馆馆员的考核与激励机制，对促进图书馆建设具有十分重要的作用。任何一种工作缺乏激励机制都无法实现长足发展，图书馆人力资源管理也是如此。图书馆服务工作作为全馆最具挑战性的工作，服务团队作为全馆最重要的一支团队，图书馆应优化本馆的激励机制，重点面向服务团队制定专门的激励措施，不仅可以激发服务团队成员的工作积极性，还可以吸纳本馆其他优秀馆员加入服务团队，充实人力资源队伍。图书馆应建立起适合图书馆发展需要的激励机制，并采取目标激励、物质激励与精神激励相结合、奖惩并行的方式，强调多劳多得的激励政策，重塑团队服务意愿，激发工作积极性。

首先，目标激励。不同时期，图书馆馆员的服务重点不同，相应的目标和要求也有所不同。在设立激励目标时，应更多在服务报告、服务反馈、服务满意度等指标方面设立可量化的目标。

其次，物质激励与精神激励相结合。图书馆可以针对参与服务的馆员在薪酬和福利上给予更多的物质激励。在馆员协助完成图书馆发展报告、社会前沿趋势分析、学科竞争力分析等难度较大的服务工作时，可以按一定比例给予奖励，体现图书馆对服务岗位的重视。在精神激励层面，因服务需要根据学科建设以及读者的需求及时开展，可以给予馆员一定的工作时间自主权，使其有时间自由安排服务工作，提高馆员服务意愿，以最大限度地保证服务质量，并且对于排名靠前、表现优秀的馆员可以在图书馆职务晋升、外出培训等给予优先考虑。

最后，奖惩并行。图书馆制定激励政策，不仅要有奖励政策，也要有一定的惩罚措施，对未能完成工作任务的馆员，要给予告诫谈话或扣发奖金等惩罚，只有这种具有奖惩性质的激励制度才能更好地激励员工提高服务效率。当然激励方案要更多体现多劳多得、优劳优酬，提高员工的积极性，激励业绩良好的"领头羊"，突出先进，带动图书馆馆员队伍积极向上。

七、建立服务品牌管理制度

服务作为图书馆支持社会文化建设的重要抓手，应着力打造服务品牌，扩大影响力，提升图书馆在社会发展中的地位。图书馆顶层设计要清晰，建立服务品牌管理制度，集合图书馆乃至全社会之力，以团队的力量共同谋划服务建设事宜，从团队建设、经费支持、技术支持等层面给予保障。除此之外，品牌管理团队还应邀请学科知名专家，各学科专家对本学科发展前沿及本学科发展的优劣势极为熟悉，能清楚地指出学科发展痛点，馆员在专家指引的基础上开展服务能最大限度地解决社会建设需求。

品牌管理团队对图书馆服务发展以及信息化建设至关重要，图书馆需要品牌管理团队的力量，集思广益，做好顶层设计，统筹规划图书馆服务发展方向，在图书馆既有资源又有技术条件的基础上，融合学科优势资源，给予馆员最大限度的支持，保障服务不因资源匮乏受限，指引打造图书馆服务品牌。

第七章　信息时代图书馆数字化建设的探讨

信息时代，图书馆数字化转型发展成为必然，图书馆的数字化建设水平在一定程度上决定了图书馆的服务水平和质量，因此关于图书馆数字化建设的探讨备受关注。本章分为信息时代图书馆的自动化建设、信息时代图书馆的网络化建设、信息时代图书馆的数据库建设、信息时代图书馆的网络信息资源建设四部分。

第一节　信息时代图书馆的自动化建设

一、图书馆自动化建设的重要性

什么是图书馆自动化建设呢？关于这一概念，目前在图书馆领域被大多数人认可的解释为，图书馆自动化建设是以计算机应用技术为基础，以期实现图书馆工作各个环节的自动化和智能化，提高图书馆的工作效率。

图书馆自动化建设已经成为当下的发展趋势，这与它具有的发展潜力和巨大的优势有关。因为有了科学技术在图书馆工作中的参与，一来可以大大节省人力、物力，避免资源的浪费，使得资源利用实现最大化；二来与传统的人工模式相比，自动化明显提高了图书馆工作人员的工作效率，工作人员只需要在系统中进行记录，再进行简单的电脑操作，就可以获得大量的数据，如书本的借还时间等。

二、图书馆自动化建设的途径

（一）加强自动化运作系统实时维护

自动化运作系统涉及电子书目数据库建立、图书条目采访、编目存档、流通记录、目录整合、统计与报表审核等多个环节，子系统数量众多，整体运算压力较大，也容易产生相对频繁的运转问题。所以，必须通过规范、有效的监测、排查，及时消除软硬件设施的故障，以确保整个系统的有序、协调运转。因此，图书馆应当进一步加强对自动化运作系统的维护力度，实行动态定点检查、联网采集解析以及风险防控反馈，逐步提高自动化运作系统的实效性、稳定性以及安全性。

（二）加强图书馆专业技术队伍建设

当前所有行业的发展都不能离开专业人才的支持，所以图书馆在开展自动化建设的过程中，应该选择专业性比较强的人才，与此同时进一步要求提高图书馆工作人员的素质。因此，图书馆应该高度重视对工作人员的选拔和培养等，这样才能建立起一支能够熟练掌握现代信息技术的专业技术团队，使其了解计算机基础知识以及数据库方面的软件管理知识，进而更好地对图书馆自动化建设中存在的问题进行及时的解决。

第二节 信息时代图书馆的网络化建设

一、图书馆网络化建设中存在的问题

（一）图书馆管理人员缺乏专业素养

图书馆的网络化建设对图书管理人员提出了更高的要求，要求他们不仅要精通图书管理工作，还要掌握一定的计算机网络技术，能够优化管理网络电子资源，帮助广大用户更好地运用图书馆的馆藏电子资源。但是，目前图书馆的部分管理人员技术水平较低，他们擅长的往往是采用传统的线下图书管理知识对实体书进行管理，还不能很好地使用电子设备对电子资源进行归纳整理和使用。图书馆整体管理水平不高，不利于图书馆的网络化发展，还会在很大程度上降低图书馆网络资源的使用效率和利用率，影响图书馆的网络化建设。

（二）图书馆线上资源搜索起来较为复杂

信息时代，电子资源占据了重要位置，广大用户需要借助电子资源开展学习和阅读活动。事实上，部分用户在利用图书馆搜索资源时往往无法满足自身的需求，这种不便捷性体现在资源不全、搜索步骤烦琐等方面。在信息时代，图书馆要想实现网络化建设，就必须优化搜索服务模式。

二、图书馆网络化建设的途径

（一）提升图书馆管理人员的素质

1. 加强培训力度

要想提升图书馆管理人员的素质，图书馆需要定期组织相关的管理人员进行一定的培训，使图书馆内的管理人员明确自身存在的不足之处，增强其个人能力与个人技能，更好地服务于图书馆的管理。特别是网络化图书馆的管理人员还需要进行计算机以及信息化方面的培训，提升图书馆管理人员在计算机以及信息化方面的知识水平，在网络化图书馆出现问题时可以及时处理，降低网络化图书馆发展过程中的风险，有效提升网络化图书馆管理的水平。

2. 提高管理人员的信息技术运用能力

网络化图书馆的发展离不开信息技术的运用，因此相关的管理人员应提高对信息技术的运用能力，积极学习更多的信息技术方面的知识，提高自身的应急处理能力。图书馆应聘请专业的信息技术人才来教授图书馆内部管理人员相关的信息技术，使管理人员具备一定的信息技术的运用能力，为网络化图书馆的发展与进步提供保障。

（二）推进图书馆智慧搜索服务模式的构建

在信息时代，图书馆要想进一步完善网络化建设，就必须优化搜索服务模式，使其更加便捷，发挥网络资源的作用，让读者真正享用到网络资源。

当前各大图书馆正在向更加智慧的搜索服务方向改进，同时仍有许多局限性和不足。为此，图书馆有必要根据用户日益变化的搜索需求提供更加智慧的搜索服务。通过大数据的知识和技术构建图书馆智慧搜索服务模式，从而形成更加完善的用户搜索体系。

笔者通过相关研究，构建了基于大数据的图书馆智慧搜索服务模式框架。该框架中包含四个子模式：基于移动视觉搜索（Mobile Visual Search，MVS）的智慧检索服务模式、基于用户行为分析的智慧推荐服务模式、基于用户交互的智慧互动服务模式和基于用户需求的智慧引导服务模式。

1. 构建基于 MVS 的智慧检索服务模式

MVS 是指先通过移动智能终端采集图像、视频等视觉数据作为检索对象，再利用移动网络大数据去检索和扩展相关联信息的一种获取信息的方式。

(1) 模式设计

将传统的关键词匹配检索系统改进为基于 MVS 的检索模式，有利于更全面地满足用户的检索需求，符合图书馆"以人为本"的理念。就基于 MVS 的图书馆智慧检索服务模式而言，文献知识库中储存着由图书馆馆内外海量资源组成的数据库。当用户发出视觉检索需求时，MVS 检索平台收到指令后进行特征提取并进入用户需求库，随后检索处理程序将该视觉特征描述于文献知识库中进行搜索比对，再通过一致性检验，匹配成功后得到相应的检索内容列表，最后将该结果返回给用户。

(2) 服务内容

基于 MVS 的智慧检索服务内容主要为可根据用户不同类型的检索请求提供相应的检索内容。具体内容包括：第一，MVS 可以适配不同的智能移动端，克服了单一平台信息不足的缺陷，通过跨平台的方式提供更全面的检索资源；第二，MVS 可以提供不拘泥于文字形式的多种检索形式，包括但不限于图像、音视频、地图、3D 模型等，准确识别用户的各种需求，通过描述符匹配搜索内容并进行检验后返回相关检索结果；第三，利用云传输和云计算，为用户提供个性化的检索和推荐服务，响应效率高，根据用户偏好提高了查准查全率，保障用户可以在不同的情境下及时、方便地获取各种服务。

基于 MVS 的智慧检索服务的目的是切实有效地提升用户的检索体验。该模式可以满足用户在不同端口对多种类型的关键信息进行检索，并通过云传输和云计算保障该过程能够高效顺利地完成，同时能够解决传统检索服务设备要求单一、检索内容过于简单和检索过程烦琐缓慢的问题。

2. 构建基于用户行为分析的智慧推荐服务模式

用户行为分析是指图书馆利用检索系统、摄像头、传感器、网站平台、移动终端等采集用户的详细访问数据和行为日志，分析用户的浏览习惯和兴趣偏好，以此来对自身服务进行改进和优化，提供个性化推荐服务，完善智慧图书馆的建设。

(1) 模式设计

智慧推荐服务分为静态推荐和动态推荐。静态推荐包括新书推荐、热门排行等，是脱离用户实际需求的无差别化推荐；而动态推荐会根据用户行为分析为其进行动态化的推荐。动态推荐依赖推荐算法，是对现代图书馆中"智慧"一词的直接体现，可以说，推荐算法是整个智慧推荐服务模式中最核心和关键的部分，能够对系统的推荐效果起到关键的作用。现有的推荐算法有基于内容推荐、协同过滤推荐、基于知识推荐和组合推荐。

①基于内容推荐是指分析用户的选择对象后通过特征提取，为其推荐类似属性的对象。该方法不需要得到用户本身对所选择对象的使用意见和评价，而是直接通过对象特征寻找能够匹配的相似内容。

②协同过滤推荐作为目前主流的推荐算法，能够为用户提供更加精准的推荐内容。协同过滤推荐是指建立用户模型后，寻找可能与当前用户有类似兴趣和习惯的用户，计算相似用户对于用户本身的效用值，并利用得到的效用值对用户进行排序、加权、聚类等操作，以得到最适合该用户的对象。这种推荐算法是基于用户的角度自动进行推荐，克服了前一种方法脱离用户本身的缺陷。协同过滤推荐算法可分为启发式算法和基于模型算法两种。其中启发式算法是指利用根据新用户找到的所有与其相似的用户对某一对象的评价，去预测该对象对于新用户的效用；而基于模型算法是利用用户对众多对象的效用评价生成模型，再使用概率方法对新对象的推荐效用进行预测。

③基于知识推荐是指根据知识库中设定好的规则和知识，对用户进行推荐。该算法不以用户的兴趣偏好为推荐基础，而是依赖知识库中已有的规则内容进行推理，得出用户可能感兴趣的推荐内容。

④组合推荐是指对多种算法进行融合后的算法，可以规避不同算法各自的缺点。不同的推荐思路适用于不同的推荐算法组合，目前常用的组合是基于内容推荐和协同过滤推荐两种算法的融合。

关于智慧推荐服务模式，主要分为两个阶段。一是离线学习阶段，在用户行为分析中对用户进行数据获取、数据预处理和数据分析，得到了分析结果后，选择合适的推荐算法并根据算法建立相应的推荐模型。二是在线学习阶段，推荐系统提取当前用户的相关特征，在查找对应的匹配规则后生成可视化推荐内容呈现给该用户。

（2）服务内容

智慧推荐服务模式利用多种推荐算法，可以呈现更加全面化、精准化、动态化的推荐内容给用户。一方面，能够根据系统当前情况和提取的用户特征自动识别用户需求，具备高度的智能化水平；另一方面，采用多种过滤算法技术，能够适应不同的推荐情境。具体的服务内容包括可实时推荐更多的用户感兴趣的内容、挖掘用户特征后推荐具有相似兴趣的用户、根据相似性推荐可以将推荐内容直接呈现给用户的账号页面或者发送给用户账号中所使用的电子邮箱。

基于用户行为分析的智慧推荐服务的目的是实现更加智能化和人性化的推荐。目前各大图书馆的推荐服务还普遍停留在静态的、需要馆方定期更新的水平，远达不到智慧化的程度。该模式可以根据用户行为分析出不同用户的特征，通过多种推荐算法为用户提供更加精准、动态，满足不同用户需求的推荐内容，能够解决传统推荐服务需要定时更新推荐内容、不能为不同用户推荐符合其自身需要的推荐内容等问题。

3. 构建基于用户交互的智慧互动服务模式

交互是一个与新通信技术和新媒体理论相关的概念。在早期的学术研究中，交互性被视为互联网的核心特征之一。从通信科学的视角可将交互定义为，信息接收者根据信息的内容反馈信息源，并通过信息发送者和接收者的多次沟通，对信息本身及其内容进行修改，从而形成一次良好且有效的沟通。信息接收者对信息发送者做出响应的能力以及对信息的控制能力已成为许多交互概念的核心组成部分，在此框架下，交互是通信发生的渠道的属性。

随着互动媒介的更新换代，学者们从结构特征的视角定义交互，把交互描述为不同参与者之间信息交流的过程，更多地关注信息交换间的相互联系。

此外，还有学者基于感知视角定义交互。该研究视角侧重于研究用户使用网络媒介的感触，把交互视为用户在线互动活动中的经历与体会。

总的来讲，交互就是人与社会环境中来自各方面的数据信息进行交流的活动。用户交互技术就是通过一定的技术手段促使用户发生各种交互行为。传统图书馆主要通过书中目录卡片的方式与用户之间产生交互行为，而用户利用图书馆中的设备或者通过咨询馆员的方式获取所需资源，这是初期的用户交互形式。随着信息技术的发展，产生了多种用户交互形式，从传统的人与人之间的交互、人与物之间的交互发展到了人机之间的交互、去中心化的物与物之间的交互。同时，用户交互的可实现范围和程度也随着技术的更替而不断扩大，与各类应用进行融合也能为用户群体提供更便捷的跨时空互动方式和交流场所。对图书馆本身来说，用户交互技术也促进了科研界的学术交流和推广活动的开展。

（1）模式设计

用户交互模式的交互特性是区别于其他图书馆服务的关键特征之一。用户与服务平台、服务内容、服务提供者、其他用户之间均可实现交互，构成以用户为中心的"交互圈"。以目前图书馆所提供的服务来看，虽然互动程度不高，但已经能够表现出一定的智慧互动的趋势。由于目前图书馆互动服务智慧化程度并不高，不能达到动态、实时的交互或者交互方式仍有一定的局限性，难以取得很好的用户交互效果。根据目前图书馆智慧服务现状，可以在结合用户交互技术的基础上构建智慧互动服务模式。

（2）服务内容

相比于传统的图书馆用户服务模式，图书馆可将用户交互技术应用于馆中服务空间、服务设施、服务平台、服务人员，以智慧化空间布局、先进的技术设备、多样化的线上和线下活动为用户提供更加丰富的交互方式和交互内容。

①空间布局上更加考虑泛用性，并结合用户的实际需求、馆藏特色、空间架构，对馆内结构进行合理布置和划分，包括书籍陈列区、馆藏展示区、学生自学区、讨论交流区、馆品体验区等。

②先进的设备设施为用户实现交互提供必要的硬件条件，也是用户体验多样化交互服务的基础，例如，联机检索系统提供人性化的检索和推荐服务，导航服务系统能够直观介绍馆内规划布局并对用户可能出现的问题进行预测和提供相应的引导，智能咨询系统可以即时与用户交流并给予积极反馈。除此之外，还有部分图书馆提供的朗读亭、24小时自习区、图书清洗设备等。

③线上活动是先进用户交互技术的重要实现方式，通过手机、电脑、平板等移动智能终端实现线上用户交互，同时可以实现端与端之间的同步连接，便于用户随时切换各种终端设备，充分利用不同设备的优点获取相关资源服务，也可以通过终端与其他用户之间进行交流和组建互助团体。

④线下活动由图书馆组织和举办，图书馆可以积极定期开展各类展览、讲座、沙龙，并邀请各领域专家与用户面对面交流，同时也可以组织用户之间的线下交流并提供活动场所。通过积极频繁的交互既能实现用户需求，也可以得到相关反馈，从而更好地提升服务质量。

智慧互动服务模式是整个智慧搜索服务中不可缺少的一环。通过用户交互技术实现和用户之间的良性互动，对馆方来说，有利于更准确地获取用户的多方需求，完善搜索服务的各个环节；对用户来说，能够更及时地满足他们的相关需求，激发他们对该馆智慧服务的使用兴趣。

4. 构建基于用户需求的智慧引导服务模式

从用户对图书馆的诉求角度来看，用户需求可以分为基本需求、期望需求和魅力需求。

第一，对引导服务而言，基本需求是合理引导用户在获取每一种智慧搜索服务时都能按照正确的流程使用信息资源服务，需要平台及时汇总各类信息资源并进行记录。

第二，期望需求是用户在知识空间内获取服务的需求，是相比于基本需求更高一层次的需求，实现程度较难，但可以直接提高用户满意度。该需求需要平台和用户协同主导运作，用户表达需求后由平台进行加工处理学习，从而实现对用户完成相关知识空间服务的引导。

第三，魅力需求是指用户对图书馆的深度需求，个性化程度高，是智慧化图书馆的直接体现。魅力需求能够极大地提高用户满意度并体现出该馆特点，相比于前两个层次的需求是最高层次的需求。

（1）模式设计

基于用户需求的智慧引导服务模式主要聚焦于支撑平台实现匹配用户需求这一目标，即需要实现信息资源服务、知识空间服务和个性产品服务。其中资源和技术是支撑平台运作的基本条件和必要保障，通过发现、识别和预测用户的需求促使平台完成引导用户的一系列流程。该流程需要进行合理的动态资源配置，并且对用户需求的精准识别、个性化的学科服务以及基于大数据对用户的定位和需求进行分析。基于用户需求的智慧引导服务模式需要针对不同需求自适应调整平台与用户之间的主辅关系，提高平台运转效率，实现智慧化流程引导，最后可记录整个流程，完善自身用户需求数据库以便后期提供更智能的服务。

（2）服务内容

基于用户需求的智慧引导服务包括信息资源服务、知识空间服务和个性产品服务，正好与用户需求中的基本需求、期望需求和魅力需求相对应。信息资源服务对应用户的基本需求，包括信息的查询和预约需求、资源获取的需求、信息推送的需求等；知识空间服务对应期望需求，包括虚拟服务需求、素质提升需求、科研指导需求、空间利用的需求等；个性产品服务对应用户的魅力需求，包括提供决策服务的需求、科研项目成果的跟进、科研前景的预测和评估等服务。

智慧引导服务也是整个智慧搜索服务中的必要环节，是保证其他服务能够更好实现的前提。在以提升用户需求为中心的图书馆智慧化建设过程中，如果能保证智慧引导服务到位，将极大地提升用户体验。用户在使用各项服务的同时，根据馆方平台的参与程度不同，将获得不同程度的引导体验，从而更好地实现自身需求。

第三节　信息时代图书馆的数据库建设

一、图书馆数据库建设的特色分析

（一）用户互动性增强

近些年来，各式各样先进的技术逐渐出现在大众视野中，同时也为我国各行各业的发展提供了便利条件，随之出现的一系列先进的电子产品成了现阶段人们生活中不可或缺的部分。同时，这些先进电子产品与技术能够为我国图书馆数据库建设提供便利条件，在用户使用图书馆数据库的过程中，这些电子产品的加入能够在一定程度上有效提升用户的参与感，使得用户与图书馆数据库形成良好的互动，这样就能够提升用户对于图书馆数据库的使用积极性，进而有效凸显图书馆数据库的个性特色。

（二）数据资源的利用率提升

信息时代背景下的图书馆数据库将现阶段我国各项先进技术作为基础，在一定程度上能够有效提升图书馆数据库内部资源的利用效率。图书馆数据库不仅能够为相关用户提供大量的数据信息资源，同时也能够为用户提供更加直观、高效的引导，有效减免以往数据信息搜索过程中的繁杂步骤。

二、图书馆数据库建设的途径

（一）强化对数据库的开发与设计

图书馆数据库所服务的对象就是广大的读者，所以无论开展什么样的建设工作，都应该以满足他们的实际需求为基本要求。强化对数据库的开发与设计，在此之前要充分做好调研工作，让读者可以提出自己的建议，给他们创造一个有效的交流平台，同时要把重点放在优化互动、检索功能上。信息时代下，数据库资源往往是读者获得信息的主要途径，所以要让读者参与到图书馆数据库的建设活动中，通过大家共同的努力搭建一个资源共享的优势平台。

（二）积极推进特色资源数据库建设与发展

根据特色资源数据库建设过程中出现的实际问题，提出图书馆特色资源数据库的发展对策。

1. 加强对特色资源数据库的质量控制

要想提高图书馆特色资源数据库的整体建设水平，首要任务是加强对特色资源数据库的质量控制。现阶段图书馆建设特色资源数据库主要依赖馆藏资源，对特色资源数据库的质量把控有待进一步加强。因此，图书馆应更加注重特色资源数据库建设的科学性和前瞻性，深入调研建库的可行性和社会经济价值，合理制定特色资源数据库的建设目标，严格控制数据库信息资源的质量，对收集的信息资源进行有计划的整合、筛选和深度加工；对于信息资源数据量过少的数据库类型可以进行多馆联合建库；充分利用信息技术创新建库方法，建设高质量的特色资源数据库。

2. 建立数据库共建共享平台

在信息时代，图书馆应充分认识到建设数据库共建共享平台的重要性，不断拓展平台交流方式，为信息资源共建共享搭建平台，推动平台之间的交流学习，推进图书馆特色资源数据库的联合建设。各成员馆通过现代信息技术自建特色资源数据库，依据专业平台的开放性、综合性和特色性优势，实行标准的集约化管理。在此基础上，各成员馆通过专业的合作平台，分享和利用收集到的信息资源，促进各成员之间联合共建，满足用户一站式检索需求。

第四节 信息时代图书馆的网络信息资源建设

一、网络信息资源概述

（一）网络信息资源的概念

关于网络信息资源的含义，学术界一般是指由数字化（数据库）技术、信息存储技术、通信网络技术以及超文本（超媒体）技术所支撑的信息资源，而并非广义所讲的互联网上的全部信息。

（二）网络信息资源的特点

1. 信息高度共享

随着我国科学技术的发展，电脑及智能手机得到了快速普及，人们可以利用智能手机或电脑打破空间和时间的限制，随时随地地获取网络信息资源。同时，互联网具有时效性，人们可以通过互联网第一时间获取信息，网络信息资源具有传播速度快、传播范围广、高度共享、高流动性的特点。

2. 数量种类多样性

网络信息资源分布在人们的日常生产和生活中，具有覆盖面广、信息种类多、信息载体形式丰富多元化、信息内容多样化的特点，如音频资源、视频资源、图像资源等。图书馆充分开发和利用网络信息资源，可以为读者带来多样化的体验。

3. 信息资源质量差异性

随着信息时代的到来，我国网络信息资源种类、数量日益繁多，大量的数据信息涌入人们的视野。很多信息资源质量存在差异，如果没有进行严格有效的管理，很多错误、虚假的信息就会被大众接受，这不仅会浪费使用信息资源的人们的时间和精力，也会降低图书馆网络信息资源的开发利用效率。

（三）网络信息资源的分类

网络信息资源的灵活性，决定了它比传统文献资源的归类更难以把握。迄今为止，对网络信息资源的分类还没有明确、统一的标准和公认的划分结果。现阶段，就图书馆的业务性质而言，结合网络信息资源的特点和形式，可将其划分为以下三大类。

1. 联机目录资源

联机目录资源是指反映某个地区（系统）的图书馆或信息服务机构收藏文献情况的统一目录，如全国中西文期刊联合目录、CALIS 公共目录检索系统。这类目录资源主要是指用于检索各类信息的工具，以提供书目与索引等二次文献数据库为主。

2. 联网数据库资源

联网数据库资源一般包括网络版光盘数据库、计算机检索数据库和商业信息库等，如国内著名的 CNKI 学术文献总库、万方数据库等，国外的美国化学学会会刊、《自然》周刊（Nature）全文数据库等，这类网络信息资源以提供全文数据库和数值数据库为主。

3. 互联网信息资源

互联网信息资源主要包括网上发布的学术、政府、文化、教育和娱乐等信息，以及可以直接从网上获取的各种电子化、数字化文献。这类信息内容庞杂且交互性和关联度较高，涉及社会知识各个层面。由于任何机构、个人都可自由地在网上发布信息，很多信息不加任何整理，处于非线性、无序排列的杂乱无章状态，这决定了此类信息不易被人们了解和使用。

二、图书馆网络信息资源建设的意义

（一）有利于顺应数字化知识存储大趋势

在互联网背景下，传统的纸质资源存储方式无法满足图书馆用户的阅读需求和网络化图书馆的建设要求，网络技术的发展改变了文献资源的存储和输出方式，借助多媒体、数字化技术建设图书馆网络信息资源是必然趋势。

（二）有利于加速网络化图书馆的高质量知识产出

网络技术的发展加快了信息时代的步伐，提高了广大群众获取信息的速度，拓宽了接触知识的范围。加快网络信息资源建设，有利于满足信息时代和知识市场的多元需求。

（三）有利于为用户提供便捷高效的服务

信息时代下，读者的阅读方式和学习需要发生了变化，以电子图书为代表的网络阅读深受广大读者的喜爱。加强图书馆网络信息资源建设有利于为读者提供网络阅读新途径，优化读者的学习体验。

三、图书馆网络信息资源建设的途径

（一）提升思想认识，发挥网络资源优势

在图书馆的网络信息资源建设过程中，主要内容包括思想认知方面的提高。所以，相关的工作人员需要明确社会和人们的实际需要，形成正确的图书馆信息资源思想认识，并且利用网络技术进行完善，从而推动图书馆的网络信息资源建设。除此之外，要想实现图书馆的网络信息资源建设，还要发挥网络资源的优势，保证人们查询到的信息具有真实性和可靠性。

随着信息网络的覆盖范围不断扩大，数据库资源也越来越丰富，这就使得网络技术得到了广泛的应用。网络带给人们便捷的同时还存在着一定的风险问题。例如，客户信息更加容易暴露等，而且由于网络信息的增多，每个人都成了信息的发布者，网络中的虚假信息越来越多，给信息资源的流畅运行带来了不利影响。因此，图书馆要不断地发挥网络资源优势，防止非法信息资源的进入，从而保证有效信息的传播。图书馆工作人员也要取其精华、剔除糟粕，对复杂的信息进行提取和整理，从而建立一个科学的网络信息资源建设平台，提高图书馆的实效性。

（二）关注数字资源建设的版权问题

在图书馆网络信息资源建设的过程中，较为关键的一点是要注意数字资源的版权问题，做好相关信息资源的隐私保护措施，将信息资源的利用与保护相结合，打造一个良好绿色的资源共享平台。

笔者从利益平衡的角度出发，针对图书馆数字资源版权保护工作提出相关建议，致力于图书馆数字资源版权保护工作更好地开展，从而有效规避版权风险，提高图书馆资源利用效率。关于图书馆数字资源版权保护工作，可以从以下几方面积极推进。

1. 完善法律制度

（1）改进合理使用制度

改进合理使用制度将减少图书馆数字资源建设的工作难度，并且在一定程度上减少了版权风险。

笔者结合相关学者的观点以及当前的不足提出以下建议：①建立更为具体的合理使用制度的规则和一般原则。对于目前合理使用制度规定较为模糊的地方，如可复制作品的数量、馆藏副本量等内容进行进一步具体化、标准化。②扩大合理使用的范围。图书馆具有公益性和社会服务性，可以借鉴国外经验，如美国的《数字千年版权法》中公益性图书馆明确豁免机制。国内图书馆也应当合理争取合理使用范围的扩大。例如，允许读者为了学习和科研的需求复制、下载少量的数字资源；扩大读者浏览数字资源的范围；在原有基础上合理扩大可复制的副本量。③进一步划分图书馆获取和传播信息的合理使用。我国《著作权法》规定，图书馆只能获得本馆收藏以及为了陈列或保存的需要进行数字化的作品。对图书馆馆际互借和文献传递没有明确规定。对此，应当制定允许合理的版权例外制度，划分合理使用的范围，适度对文献传递服务的复制和传播做出进一步扩充，如允许增加复制件。

（2）改进法定许可制度

对于法定许可制度的改进建议如下：①确定法定许可制度的适用范围。包括法定许可制度具有公共文化服务功能的图书馆数字资源服务适用主体和适用客体。②制定许可费用标准。应当对数字资源的使用情况结合经济情况制定完善且明确的收费标准。③建立监督及追责机制。提高用户的版权保护意识，鼓励用户参与到版权保护中，对图书馆数字资源建设中的版权问题进行监督；政府有关部门应发挥版权管理的职能，制定合理的版权追责机制。

（3）预防技术发展造成的法律"真空"

目前，许多可以应用到图书馆数字资源版权保护领域的技术飞速发展，可以有效地对数字资源版权安全需求进行管理，但是在立法方面仍有不足，应用这些技术手段的合法性缺少法律支持。所以应当考虑到图书馆的公益性，制定有针对性的版权保护法规政策，确保应用于数字资源版权保护的技术手段所保护的数字作品的版权证明具有法律效力。相关版权保护的立法工作应当注意目前技术手段的发展和应用情况，结合实际情况不断完善法律体系，并且根据不断出现的版权保护问题做出合理调整，有效避免版权纠纷案件的发生，保护版权人权利。

2. 加强技术管理

图书馆在进行数字资源建设的过程中，解决版权保护问题、规避版权风险和版权纠纷最重要的就是尊重著作权人的智力成果。首先，图书馆应当重视数字资源建设和服务环节中的各类版权问题，尊重版权人权益，实现与版权人的平等对话，做到利益分配的公平、公正、公开。此外，相关部门应当制定合理的技术审查及审理标准，同时应当得到版权人的认可，避免因技术审理不过关或者审查标准未达标而产生版权风险，从而影响数字行业的发展以及对图书馆数字资源建设进程产生阻碍。其次，图书馆还应当采取合理有效的技术手段或者多种技术结合的版权保护方式，与时俱进，积极关注行业态势，及时采用先进技术，必要时采用新的技术手段替代当前技术保护手段解决版权保护力度不足的问题。

3. 提高版权保护意识

提高版权保护意识应当包括图书馆自身和馆员两个方面。

其一，图书馆应当提高版权保护意识，将版权教育和培训作为工作重点内容之一，并将版权信息服务融入数字资源建设工作。提高版权信息服务质量，推动图书馆自建数据库、馆际互借等工作的开展，进一步促进学术交流与信息传播，进而提高数字资源服务工作水平。

其二，提高版权保护意识不仅限于图书馆内部，还应当培养工作人员的版权保护意识，图书馆应利用讲座、培训、宣传等方式提高馆员的版权保护意识，促使大家共同遵守与版权保护相关的法律规定。

对于版权保护意识的提高提出如下建议：①图书馆工作人员应当积极学习版权保护的相关内容，提高版权信息服务的质量，推进知识产权信息服务中心建设，为用户提供相关的版权咨询服务。②图书馆应当对相关工作人员进行专业化的版权培训，确保工作人员在建立机构数据库和购买数据库时规范自身行为且承担对数据库的合理注意义务。③图书馆应当开展版权保护的相关讲座和展览,并且提高宣传力度,使得用户参与其中,获得更多的版权保护知识,避免用户不合理使用数字资源而造成版权侵权。④图书馆应当以知识产权信息服务中心的建设工作为依托,强化版权教育和咨询、版权技术学习等工作。⑤图书馆应当在本馆官网中对数字资源的版权声明进行具体的公布,制定规范化、标准化的版权声明和惩罚措施。

4. 引导数字产权文化发展方向

数字作品创作力和数字产权文化行业的蓬勃发展离不开国家的支持和对数字作品版权保护的重视。一方面,数字作品的受保护程度受到市场报酬价格系统的影响,因此应当积极地发展数字文化产业,发挥其市场优势,用自身产业的市场价值来提高社会各界对版权保护的重视度和关注度,数字文化产业的蓬勃发展还将对图书馆数字资源的建设起到正向作用;另一方面,网络技术的发展将推动数字产业的发展,版权保护也应借助有关的技术手段而得到一定的保障,在这个过程中,应当不断地完善法律体系中关于技术实施的标准。

因此,相关部门应当以数字资源版权保护的现状为依据,强化数据库商的版权保护意识,从而降低图书馆履行合理注意义务的难度。促进数字文化产权繁荣发展是加强版权保护的重要因素,数字文化产业的发展有助于全社会范围内版权保护意识的树立,形成全社会尊重版权的良好文化氛围。相关部门应当进一步推动合理的技术规范标准以及版权保护技术的更新和升级,从而促进图书馆数字资源建设和版权保护工作的开展,维护用户及版权人利益,实现图书馆的健康、高质量发展。

(三)加强对网络信息资源的开发

加强对网络信息资源的开发是图书馆信息资源建设中的一个关键步骤。当今社会,人们对信息资源的需求量越来越大,使得图书馆需要不断对信息资源进行审核、筛查、入库、发表等一系列步骤,但同时也要不断发掘信息资源,进行深度的信息资源获取,将有价值的信息资源整合为可以被长久保存并利用的资源。

(四)加强对文献资源的开发服务建设

在图书馆网络信息资源建设的过程中,要加强对文献资源的开发与利用,全面选择、收集、整理、组织社会上分散的文献资源信息,使之成为完整的文献资源信息化体系,以满足部门读者和整个社会用户的文献信息需求。在对文献资源进行调查整理、研究评估的基础上，确保其完整性和多样性。同时，还要做好电子文献的分类编目工作以及加强对电子文献存储的管理，避免电子文献存储信息资源的损坏与流失，并对其进行多重备份与加密，确保电子文献信息资源的完整。

（五）更新资源服务理念

在全球网络化的浪潮下，计算机因智能、快捷、高效、便捷等优势受到全球使用者的追捧。海量的数据与强大的搜索引擎丰富了信息的传递和接收渠道，使人们迎来了崭新的互联网时代，因此，我国的图书馆必须及时适应全新的网络环境，不断完善和更新服务理念。

1. 变单项式服务为互动式服务

图书馆在网络信息资源服务过程中必须与时俱进，采用实时参考咨询等互动式服务方式可以有效克服传统的单项式服务的弊端，做好图书馆个性化定制服务有利于达成网络信息资源与用户需求高度吻合的愿景。积极打造互动平台，构建图书馆与用户直接无障碍交流的通道是提高网络信息资源使用率的有效途径。根据相关研究可知，用户需求较大的信息资源服务有数字参考咨询、学科资源服务和数据库培训。数字参考咨询的服务方式有实时与非实时两种，通过社交媒体或本馆自建的咨询平台与用户进行交互式的问答，有利于提升用户的满足感。

2. 变被动式服务为主动式服务

在计算机日渐普及、网络应用度日渐提高的当下，社会各行业的发展模式都有了极大的变化。图书馆应积极创新，与时俱进，变被动式服务为主动式服务，转变过去被动地接受读者反馈、机械回应的理念，这种被动式的服务不利于图书馆资源整合与升级，读者迫切的需求也很难得到满足。主动式服务依赖线上线下沟通交流平台的建立，图书馆馆员应肩负起时代文化责任，发挥自身优势，主动架起用户与图书馆之间的沟通桥梁，以饱满的状态主动地为用户服务。

3. 变大众化服务为个性化服务

图书馆在新的时代背景下要紧跟时代需求，推陈出新，对于千篇一律的大众化服务取其精华，去其糟粕，推行个性化服务，针对用户的个性化需求做到有求必应，以提高用户满意度为目标，针对不同类别的网络信息资源用户，发展目标也会有所不同，因发展目标不同，网络信息资源建设方面的需求内容和类型也有所不同，这就需要图书馆在进行网络信息资源服务时做到区别对待，为不同用户提供高质量、个性化的信息服务。图书馆馆员承载着图书馆服务转型的梦想，要善于向用户展示自己的专业特长，重视提高自身专业素质，通过服务展现自身的专业价值。

（六）重视人才培养，夯实建设基础

在计算机技术迅速发展的背景下，图书馆馆员与用户的联系已从"人与人"转变为"人机人"，这对在网络信息资源服务中承担重要角色的图书馆馆员提出了新的要求与挑战。图书馆馆员在掌握图书馆学科基本理论知识的同时，还需要掌握检索技巧、网络信息资源平台的日常维护和计算机知识等多个领域的相关知识。新形势下，图书馆馆员不再是书刊管理员，而是学科知识的导航者，面对读者咨询的较为专业的问题，需要图书馆馆员具备某一学科相对高深的专业知识，根据读者需要查找筛选文献信息，开展深层次的信息服务工作。但由于知识更新速度极快，原有的知识难以满足新的发展需求，这就需要图书馆通过多种途径实现对图书馆馆员的继续教育，以此来弥补馆员专业知识和技能的欠缺。

馆员要树立终身学习的意识，与时俱进，通过不断学习本专业的新知识和工作技能来充实自己，同时充分认识到图书馆是相应地区或学校的文献信息中心，本着"读者至上"的原则，以饱满的精神、良好的服务态度投入日常工作。同时，图书馆也可以采取一些考评机制来激发馆员的积极性，例如，在图书馆官方网站的"馆务公开"模块公开馆内员工日常工作、奖惩情况以及工作评价等信息，这种灵活有效的激励机制，可以充分激发馆员的工作积极性。

此外，针对用户外文数字资源利用率低的问题，需要馆员提高自己的外语特别是英语水平，发挥自身主观能动性，主动地采集、阅读和开发这些外文信息资源，加强信息资源建设，提高服务质量，为用户提供更高质量的服务。

参考文献

[1] 杨丰全.新形势下图书馆创新性管理与服务[M].长春：东北师范大学出版社，2018.

[2] 刘春节.图书馆管理与信息应用[M].昆明：云南科技出版社，2020.

[3] 董伟.新媒体时代图书馆管理与服务研究[M].长春：吉林人民出版社，2019.

[4] 龙渠.现代图书馆服务与管理工作研究[M].北京：中国原子能出版社，2020.

[5] 谷慧宇.图书馆管理的创新方法研究[M].延吉：延边大学出版社，2021.

[6] 李蕾，徐莉.图书馆管理策略与阅读服务创新研究[M].长春：吉林人民出版社，2021.

[7] 侯刚健.浅谈知识管理在图书馆管理中的应用[J].开封文化艺术职业学院学报，2020，40（11）：239-240.

[8] 李光瑞.图书馆管理与服务创新[J].中国高新科技，2020（13）：56-57.

[9] 曾华琴.图书馆管理工作创新方法研究[J].科技资讯，2020，18（19）：161-163.

[10] 付方方."以人为本"模式下的图书馆人力资源管理[J].办公室业务，2020（11）：168-169.

[11] 矫威.图书馆管理的改革与创新[J].产业与科技论坛，2021，20（17）：272-273.

[12] 胡少霞.图书馆管理工作中网络技术的应用探讨[J].中国新通信，2021，23（16）：111-112.

[13] 黄岩，陈俐旭.从理念入手谈图书馆人本管理[J].办公室业务，2021（12）：151-152.

[14] 成丽霞.知识管理理念在图书馆管理中的应用探索[J].文化创新比较研究，2021，5（16）：166-169.

[15] 宋芳.新形势下图书馆管理创新研究［J］.科技资讯，2021，19（4）：191-193.

[16] 徐晓丽.信息技术对图书馆工作的影响及对策［J］.办公自动化，2022，27（7）：56-58.

[17] 王娇.信息时代下图书馆管理模式的创新［J］.内蒙古科技与经济，2022（10）：136-137.

[18] 王栋.如何加强图书馆人力资源管理与创新[J].人才资源开发，2022（15）：28-29.

[19] 李高峰.基于现代化信息技术平台的图书馆管理探索［J］.山西青年，2022（14）：154-156.

[20] 许志军.新时代图书馆管理工作的创新［J］.办公室业务，2022（13）：150-152.

[21] 张弼云.网络环境下现代图书馆管理工作的创新策略研究［J］.文化产业，2022（13）：116-118.

[22] 陈大庆.新时代图书馆数字化转型的思考［J］.大学图书馆学报，2022，40（6）：14-16.

[23] 黎锐杏.新时代背景下图书馆管理的改革与创新[J].文化产业，2022（11）：110-112.

[24] 唐盛芳.图书馆管理改革与创新策略研究［J］.造纸装备及材料，2022，51（3）：202-204.